厚德博學
經濟匡時

教育部人文社科青年项目“中国农地经营权流转：动力机制与策略互动”（17YJC790069）相关成果

国家自然科学基金青年项目“创业困境、非市场战略与新创企业成长机制研究”（72002204）相关成果

国家自然科学基金青年项目“互联网普及视角下农户数字素养对农业全要素生产率的作用机制研究”（72003086）相关成果

商学文库

确权与农地承包经营权流转

理论分析与实证检验

李金宁◎著

Farmland Registration and Farmland Circulating

Theoretical Analysis and Empirical Evidence

上海财经大学出版社

图书在版编目(CIP)数据

确权与农地承包经营权流转:理论分析与实证检验/李金宁著. —上海:上海财经大学出版社,2021.5
(匡时·商学文库)
ISBN 978-7-5642-3714-1/F·3714

Ⅰ.①确… Ⅱ.①李… Ⅲ.①农村-土地承包制-研究-中国 Ⅳ.①F321.1

中国版本图书馆 CIP 数据核字(2021)第 021285 号

□ 责任编辑 廖沛昕
□ 封面设计 张克瑶

确权与农地承包经营权流转:
理论分析与实证检验

李金宁 著

上海财经大学出版社出版发行
(上海市中山北一路 369 号 邮编 200083)
网 址:http://www.sufep.com
电子邮箱:webmaster@sufep.com
全国新华书店经销
江苏凤凰数码印务有限公司印刷装订
2021 年 5 月第 1 版 2021 年 5 月第 1 次印刷

710mm×1000mm 1/16 11 印张(插页:2) 158 千字
定价:58.00 元

前　言

随着我国经济的快速发展和城镇化进程的加快,农业劳动力向非农部门大量转移,我国农村的"老弱病化"和"空心化"已成普遍态势。不仅如此,农地的家庭式分散经营和农业经营的高风险性导致农地经营效率普遍低下,且农地抛荒问题日益严重,造成农地资源的巨大浪费和效率损失。基于此,如何发展基于适度规模的现代农业、提高农地效率一直是我国政府和理论界关注的热点问题,而农地流转作为实现农地适度规模经营的主要途径也备受关注。另外,我国中央政府为了保障农户的农地权益,进一步做实农地产权,于 2013 年中央一号文件中提出要健全农村土地承包登记制度,强化对农村耕地的物权保护,争取用 5 年时间完成农村土地承包经营权登记颁证工作。截至 2019 年年底农地确权工作已经投入大量的人力、物力和财力,确权工作也已经取得巨大的进展,并已接近尾声。然而,就确权的农地流转效应而言,理论界的分歧从未停止过。一部分学者认为确权能够促进农地流转,而另一部分学者认为确权不能促进农地流转,甚至还抑制了农地流转。

本研究通过探究确权对农地流转的影响路径,不仅试图解释确权是如何影响农地流转的,而且进一步探讨了不同确权方式对农地流转影响的差异性,并在此基础上,探寻确权促进农地流转的更多途径,以期确权在促进农地流转方面发挥更大的作用,实现农地的适度规模经营,提高农地经营效率。本研究主要利用来自浙江省 522 户农户的调研数据,利用 SPSS 软件的 Process 插件,对确权的农地流转效应进行多重中介效应分析,具体而言,主要是分析确权是如何通过价格效应(租金率)、生产效应

(亩产值)、交易费用效应和禀赋效应影响农地流转的,以及不同确权方式的农地流转效应有何差异。

本书共分为八章,具体内容如下:

第一章是绪论。本章首先介绍了本书的选题背景和研究意义,并进一步阐明了本书的主要研究目标和研究内容,然后介绍了本研究的技术路线和研究方法,最后列出了本研究可能的创新点。

第二章是文献综述。这一部分主要对相关研究进行梳理和评述,主要内容包括:农地确权方面的研究文献,包括确权在实践过程中的阻碍因素以及如何进行确权方式的选择;农地流转方面的研究文献,主要从交易费用视角、禀赋效应视角、农户视角、劳动力转移视角、村集体及地方政府视角、中介组织视角,以及政策和宏观经济环境等视角梳理了影响农地流转的主要因素;确权对农地流转影响的文献综述,包括确权对农地流转规模的影响、确权对农地流转形式的影响,以及不同确权方式对农地流转影响的差异性;确权其他效应的文献综述,包括确权对农地经营效率和农户收益的影响,确权对耕地保护的影响,确权对农村金融的影响,以及确权对农业保险的影响等。最后,对本部分的文献综述进行简单的评论。

第三章是相关基础理论。这部分主要包括产权理论、农地确权与产权的关系、农地流转的相关概念和理论,以及禀赋效应基础理论。其中,产权基础理论包括产权和交易费用的关系、产权和经济增长的关系、农地产权和农业增长的关系;农地确权与产权的基础理论包括农地确权的概念,农地确权与产权的关系,确权方式与产权、交易费用的关系;农地流转的基本理论包括农地流转的概念、农地流转模式和农地流转效应;禀赋效应的基础理论包括禀赋效应的界定、禀赋效应的心理形成机制和影响禀赋效应的因素。

第四章是农地产权制度和农地流转的政策演进与实践探索。该部分主要基于历史的坐标,梳理了我国农地产权的变迁过程,以及农地流转政策的发展过程与实践探索过程。其中,农地产权制度的演进具体分为农民所有制阶段和集体所有、统一经营阶段及家庭承包经营阶段;农地流转的政策演变和实践探索可以分为流转被禁止阶段(1978—1987 年);接受调整阶段(1988—2001 年);土地流转调整、回落阶段(1994—2001 年)和快速发展与完善阶段(自 2002 年至今)。

第五章是确权对农地流转影响的理论分析。该部分在基础理论的基础上,进一步分析了确权对农地流转的影响,该部分为本研究的理论研究框架,即为后续的实证检验提供了理论基础,并提出研究假设。一方面,确权是如何通过租金率、生产效应、交易费用和禀赋效应影响农地流转的,即基于四种中介效应分析确权对农地流转的影响机制;另一方面,基于不同确权方式的四种中介效应的差异,确权方式对农地流转的总效应有何差异。

第六章是对确权的农地流转效应进行基于多重中介效应的实证检验,即对第五章理论框架中第一部分提出的研究假设进行实证检验。第一,介绍数据的来源、样本地区分布、变量的定义、指标选择和描述性统计;第二,利用因子分析法对交易费用进行公因子的提取,并且基于因子分析进一步将该公因子作为中介变量,同租金率、亩产值、交易费用和禀赋效应一起放入框架并进行多重中介效应检验;第三,利用经典的依次检验法对多重中介效应进行稳健性检验;第四,对本部分进行小结,并汇总实证检验结果。

第七章是对确权的农地流转效应基于不同确权方式的差异分析,即对第五章理论框架中第二部分提出的研究假设进行实证检验。首先,介绍了数据的来源、样本分布状况、变量选择和模型的设定等;其次,就确权方式的农地流转效应差异的实证检验结果进行解释和分析;最后,基于户主年龄特征和户主外出打工情况,对检验结果进行稳健性检验。

第八章是研究结论和政策建议。这一部分主要是对以上各章节的内容进行总结,并根据前面几章的理论分析和研究结论,提出切实可行的政策建议。最后对本研究可能的创新之处和有待完善的问题进行总结和反思。

根据本研究做出如下结论:(1)确权会促进农地流转,具体地说,确权提高了农地流转概率和农地流转比例。(2)就确权对农地流转的影响机制而言,确权主要通过价格效应(租金率)和生产效应(亩产值)的中介效应促进农地流转,即确权可以提高农地流转租金率和亩产值,而农地流转租金率和亩产值激励农地流转;交易费用在确权和农地流转之间的中介效应不显著;确权会强化农地流转中的禀赋效应,而禀赋效应对农地流转无显著影响,因此禀赋效应在确权和农地流转之间没有起到中介作用。(3)就确权方式对农地流转的影响而言,确权不确地比确权确地的农地流转效应更大,且对于户主年龄低于55岁或户主未常年外出打工的农户,确权不确地的农地流转效应更大,即确权不确地在提高农地流转概率方面和农地流转比例方面的作用都更大。

目　录

1 绪 论

本章主要从选题背景和研究意义等方面阐述本书的研究意义，介绍本书的研究目标和主要内容，并阐明本研究的技术路线和研究方法。最后，提出本书可能的创新之处，即本研究对相关研究领域的可能贡献。

1.1 选题背景和研究意义

农地问题是农业问题的核心，而农地的经营效率问题却是农地问题的核心，大量研究表明适度规模经营可以提高农地经营效率，因此，作为实现适度规模经营的主要途径，农地流转问题一直是农业经济领域的热点问题之一。随着新一轮确权政策的推进，确权和农地流转之间的关系越来越受到关注，研究成果也颇为丰富，但是确权究竟是如何影响农地流转的？探究该影响机制对于确权的农地流转效应的发挥至关重要，因此本书以租金率（价格效应）、亩产值（生产效应）、交易费用和禀赋效应作为中介变量，即基于多重中介效应模型，分析确权对农地流转的影响路径。不仅如此，本研究还特别关注不同确权方式对农地流转影响的差异，以期对确权的农地流转效应有更深入的了解。

1.1.1 选题背景

不论从就业人数、供求规模还是从地区差异性方面来看，中国都是一个名副其实的农业大国（张红宇，2011）。作为一个农业大国，农地问题一直是中国农业问题的关键。改革开放后，随着中国农村普遍推行家庭联产承包责任制，中国农业发展取得了极大的成就（林毅夫，1994；Mcmillan et al,1989;乔榛等,2006;冀县卿等,2010;Lin,J. Y. ,1992),在降低农村贫困率方面也卓见成效(章元,2012)。但是,一方面,农村经济体制改革在重塑农户家庭农业经营主体的同时也普遍存在土地经营规模偏小、土地经营细碎化而导致农地经营效率低下的问题(Brabec & Smith,2002;谭淑豪,2006)。除此之外,农地用途的特定化以及农业生产的高风险性也加剧了农业经营的低效性和农业的边缘化。另一方面,近年来,随着城镇化的快速发展,农户有了更多的非农就业机会,而由于非农就业的收入一般远高于农业收入,因此,从事农业生产的机会成本大大增加,导致更多的农户呈现离农化或兼业化的趋势。由于农村劳动力大量进城务工,农村"空心化"、老龄化现象越来越普遍,即从事农业生产的有效劳动力大幅减少,从而导致农地的低效耕作及抛荒情况时有发生(张鸣鸣,2013),并且正日益严重(杨国永,2015),产生了巨大的效率损失(Wan & Cheng,2001;许庆等,2008)。

在市场经济体制中,主要通过价格机制在各产业之间进行生产要素资源配置,因此,减少农地抛荒和避免农业效率损失的关键在于提高农业经营的收益、提高农地回报率。然而,我国基于家庭联产承包责任制形成的家庭分散式经营模式不利于实现现代化农业的规模经济,并且分散式经营的农产品难以规范化和标准化。因此,与集约化生产的进口农产品相比,我国的农产品在市场竞争中难以体现优势,不能形成有效的供给,造成我国低层次的农产品供给与挑剔的市场需求相脱节。那么,在新时代下,如何在坚持家庭联产承包责任制的基础上,鼓励多种经营模式,鼓励通过适度规模发展具有中国特色的现代农业,或者说,让适度规模经营引领现代农业发展(张红宇,2016)、提高农地收益、扩大我国农产品自给率是我国目前中央农村工作的重要内容之一。为此,旨在通过促进农地经营权农用流转(以下简称"农地流转")来提高土地利用效率、鼓励土地适度规模经营的农地制度改革一直是近年来中央农村政策的主要目的之一。例如,中国共产党十八届三中全会《中共中央关于全面深化改革若干重大问题的决定》明确提出,要"稳定农村土地承包关系并保持长久不变,在坚持和完善最严格的耕地保护制度前提下，赋予农民对承包地占有、使用、收益、流转及承包经营权抵押、担保权能，允许农民以承包经营权入股发展农业产业化经营。鼓励承包经营权在公开市场上向专业大户、家庭农场、农民合作社、农业企业流转，发展多种形式规模经营”。2018 年中央一号文件中也明确指出要“实施新型农业经营主体培育工程，培育发展家庭农场、合作社、龙头企业、社会化服务组织和农地产业化联合体，发展多种形式适度规模经营”。当然，要解决农业经营的细碎化问题、实现农地多种形式的规模经营离不开农地流转(Dijk，T. V.，2003)，2014 年我国在《关于引导农村土地经营权有序流转发展农业适度规模经营的意见》中提出，应实现所有权、承包权、经营权的“三权分置”，从而引导土地经营权有序流转。

尽管改革开放后中国政府逐步放松对农地流转的管制，并采取一系列措施促进农地向种田能手等新型农业组织集中，实现农地的适度规模经营，但是，就全国总体水平而言，农地流转发生率和农地流转率并不高(王兴稳等，2015)。截至 2011 年年底，全国农村耕地流转面积为 2.28 亿亩，仅占全国耕地总面积的 17.8%(刘守英，2014)，到 2013 年年底，全国耕地流转面积达到 3.4 亿亩，流转比例达到 26%，但是农地流转比例与其他工业化国家相比还有较大的差距，且农地流转更多的是在熟人社会中进行，农地流转并没有促成农地规模经营的生成。

农地的有效流转须以确权为基础(周其仁，2009)。中央政府试图通过确权登记政策的实施做实农地产权，进一步激发农民从事农业生产经营的积极性，进而促进农地流转，实现中国农业的第二次飞跃。我国农业部于 2011 年初发布了《关于开展农村土地承包经营权登记试点工作的意见》，要求“建立健全土地承包经营权登记簿，把承包地块、面积、合同、权属证书全面落实到户”。据 2017 年 11 月末农业部发布的最新数据，全国层面上开展试点的省份为 28 个，其中涉及 2 718 个县，实测面积已经超过 15 亿亩，确权的农地面积已达 11.1 亿亩，占二轮家庭承包耕地面积的 82%，甘肃、海南、陕西、福建等 17 个省市确权面积超过了 90%，河北、新疆、青海等8个省份确权任务完成已经接近70%。尽管近年来全国范围内农地确权工作在稳步推进,但农地流转的进展并不尽如人意,农地流转发生率并不高。因此,在分析确权是否会促进农地流转的基础上,须进一步弄清楚确权是如何影响农地流转的以及确权怎样在农地流转中发挥更大的作用。另外,由于我国的农地确权方式包括确权确地和确权不确地两种,鉴于此两种确权方式在实际操作、产权安排和交易费用节约等方面均存在较大差异,因此有必要分析这两种确权方式对农地流转影响的差异性。

1.1.2 理论意义

就确权的农地流转效应而言,目前的研究成果非常丰富。总体来说,其观点可以分为两方面:一方面,基于产权经济学角度,有些学者认为确权可以促进农地流转。该观点认为确权可以明晰产权,降低农地流转市场的交易费用(Galiani et al.,2010;程令国,2016);确权增加了交易的可预见性,有效抑制交易双方的机会主义行为,降低了交易风险(胡新艳和罗必良,2016);确权提高了农地产权的稳定性和安全性(Yami et al.,2015;丁玲和钟涨宝,2017;林文声,2017),从而促进了农地流转。另一方面,有的学者认为确权不会促进农地流转,甚至还会抑制农地流转。持该观点的学者一部分是基于行为经济学角度认为对于农户而言农地具有人格化特征,决定了农地主体和客体的不可分性,因此,农地流转市场中的禀赋效应普遍存在。由于禀赋效应会抑制农地流转,而确权则会进一步强化农地流转市场中的禀赋效应,因此确权会抑制农地流转(罗必良,2016)。另外,还有一部分学者认为确权会加剧农地的分散化格局,从而增加了农地流转市场中的交易费用,因此确权会抑制农地流转。为了对确权的农地流转总效应进行更准确的解释,须进一步探讨确权是通过哪些路径影响农地流转的,具体包括以下几个方面:

(1)本书将价格效应、生产效应、交易费用效应和禀赋效应置于同一研究框架,分析确权对农地流转的影响机制。综观确权的农地流转效应方面的研究成果，已有的文献在实证检验中往往只侧重对确权的农地流转总效应的检验，而对于其中的影响路径重视不足，即确权对农地流转的影响主要是通过什么机制实现的。虽然，一方面，大量研究指出确权通过提高农地租金率、降低交易费用，以及激励农地产出，影响了农地流转（林文声，2016，2017）；另一方面，有些研究又认为确权会通过强化农地流转市场中的禀赋效应而影响农地流转，但是在实证检验方面，多数文献只关注确权是否促进或者抑制农地流转这一结果，而对于其流转机制，即确权是怎样促进农地流转的，目前却鲜有研究。然而，只有了解确权是如何影响农地流转的，才能多角度地干预确权对农地流转的影响，使确权在促进农地流转方面发挥更大的作用。鉴于此，本研究在考察确权的农地流转总效应的基础上，特别关注我国的农地确权制度主要通过哪些中介因素促进农地流转。另外，即便是在理论分析方面，目前的研究要么从价格效应、生产效应和交易费用方面，要么从行为经济学的禀赋效应方面分析确权的农地流转效应，而鲜有将这四个方面放在同一框架中进行整体分析的，在实证检验方面更是少之又少。

（2）就确权的农地流转效应而言，本研究在支持主流研究结论的基础上，进一步分析确权对农地流转的影响机制，并考察不同确权方式对农地流转的影响差异。现阶段我国农地确权方式大致可分为确权确地和确权不确地两种。确权确地是指农户承包地有明确的位置，即准确的“四至”；确权不确地是指农户承包地只确定面积或者份额，农地“四至”并不明确，其收益根据面积或份额进行分配。由此可见，不同确权方式在产权安排方面存在明显的差异性，从而决定了农地流转过程中确权不确地和确权确地在提高农地租金率、降低交易费用、激励生产和强化禀赋效应方面均有显著差别，因此，从逻辑上不难理解，尽管确权确地和确权不确地都是对农户的土地权利进行确立，但这两种确权方式对农地流转的作用会存在不小差异。现有研究关于农地确权对农地流转的影响得出截然相反的结论也可能在于忽视了这一差异的存在。

此外，考虑到我国人均耕地面积较少，农地之于农民不仅有生产功能,而且有社会保障等功能,农户能否有效地转出土地是制约我国农地经营规模扩大的关键因素,因此,研究者在考察农地流转样本时侧重于分析农地转出户。

1.1.3 实践意义

土地是人类赖以生存和发展的物质基础,农业用地不仅关系到我国粮食的供给安全问题,而且关系到社会稳定和经济的可持续发展。中国作为一个农业大国,农地问题一直是中央和地方关注的热点问题。改革开放以后,中国经济持续地高速发展,然而,正是因为高速发展的中国经济以及快速的城镇化、工业化趋势导致了对土地资源的巨大需求,农地非农化日趋加剧,从而严重挤压耕地资源,不仅如此,工业发展引起的环境污染也降低了农地的质量和农地的生产效率。以上这些问题决定了我国几乎无法通过单个家庭增加农地面积来实现外延式的农业发展道路,而应该以提高农地利用效率的集约式发展模式为主。在提高农地利用效率方面,罗佳丽(2017)和戚焦耳(2015)等多位学者证实了适度规模经营农业的私人效率更高,因此生产效率的提高应该以适度规模经营为基础。然而,由于我国的农业生产主要基于家庭分散经营,因此细碎化的经营模式一直是阻碍适度规模经营问题的症结所在,因此,农地流转作为实现适度规模经营的主要手段是提高农业生产效率的重要途径之一。然而,理论界普遍认为农地产权的缺陷等因素造成了我国农地流转不畅,从而影响了现代化农业适度规模经营的实现,比如农地主体的不清晰、客体的排他性不强等。

农地承包经营权流转是农地承包权和经营权的分离,因此农地流转市场的发育程度和产权制度密切相关。综观我国农地产权制度的变迁史,我国农地产权从原来的“两权分离”到现在的“三权分置”,说明我国中央政府旨在将产权的经济功能不断强化,但是从现实的角度看,产权的社会功能还在扮演着重要的角色。这样,就导致了一种矛盾,一方面,很多离农的农户,已经在城市定居,但是他们仍然不舍得出租或者转包,宁可抛荒，即农地作为外出务工农户最后的“退路”仍然具有重要的社会功能（邓大才，2017）；另一方面需要进行规模经营的新型农业经济主体由于农地产权制度的约束又无法较便利地租到需要的农地，因此，农地的经济功能不能充分地得到发挥。

我国目前推行的农地确权制度是对农地产权更清晰的表达，为农地产权经济功能的发挥提供了重要基础。具体地说，确权颁证为农地提供了有力的法律依据，为其潜在经济功能的发挥提供了更多的可能性，比如抵押、入股等。同样，大量的文献已经证实，农地流转作为体现农地经济功能的主要渠道，确权对其有着深刻的影响，那么，确权主要通过哪些路径影响农地流转呢？我们只有首先了解其作用机制，才能有针对性地采取多种配套政策和措施进行干预，使确权在促进农地流转方面发挥更大的作用。另外，确权方式的选择有明显的地区差异，有必要研究不同确权方式对农地流转的影响差异，以期对确权的农地流转效应有更深刻的认识。另外，本书也试图解释为什么确权的农地流转效应以不同的地区为样本进行实证检验会得出不同的结论。

1.2 研究目标和研究内容

1.2.1 研究目标

就宏观角度而言，农地流转对农地的使用效率甚至农业资源的配置效率都起着决定性作用；就微观角度而言，农地流转与我国广大农户的家庭收入息息相关，因此，农地流转向来是理论界关注的热点问题，其中包括农地流转的效应、农地流转的影响因素等。由于农地流转的本质是在法律规定的范围内，农地所有权、使用权或收益权的分离，因此农地流转的形式、范围、规模等问题均与农地产权制度密不可分。随着新一轮确权政策的实施，确权的农地流转效应又一次成了被关注的焦点。基于此，本书的主要研究目标是确权对农地流转的影响机制以及不同确权方式的农

地流转效应差异。具体包括以下内容:

第一,就确权对农地流转的影响机制而言,基于对价格效应、生产效应、交易费用效应和禀赋效应的多重中介作用,进行理论分析,并利用来自浙江省农户的调研数据进行实证检验,剖析确权对农地流转的影响路径,从而提出有针对性的、多样化的政策建议,以便确权在促进农地流转方面发挥更大的作用。

第二,就确权方式而言,分析不同确权方式的农地流转效应差异以及形成差异的原因,并进行实证检验,以期对确权的农地流转效应有更进一步的认识。

1.2.2 研究内容

本研究通过梳理现有的国内外文献,在确权的农地流转效应方面,支持主流的研究结果,即确权会促进农地流转,并在此基础上进一步分析:(1)确权是否能够通过价格效应(租金率)、生产效应(亩产值)、交易费用效应和禀赋效应共同影响农地流转?(2)基于以上四种中介效应,不同确权方式对农地流转的影响是否有差异?如果有,该差异及其形成原因是什么?具体而言,本书共分为八章:

第一章是绪论。本章首先介绍了本书的选题背景和研究意义,其中研究意义包括理论意义和实践意义两部分,并进一步阐明了本书的主要研究目标和研究内容,其次介绍了本研究的技术路线和研究方法,最后列出了本研究可能的创新点。

第二章是文献综述。这一部分主要对相关研究进行梳理和评述,主要内容包括:第一,农地确权方面的研究文献,包括确权在实践过程中的阻碍因素以及如何进行确权方式的选择;第二,农地流转方面的研究文献,主要从交易费用视角、禀赋效应视角、农户视角、劳动力转移视角、村集体及地方政府视角、中介组织视角,以及政策和宏观经济环境等视角梳理了影响农地流转的主要因素;第三,确权对农地流转影响的文献综述,包括确权对农地流转规模的影响、确权对农地流转形式的影响,以及不同确权方式对农地流转影响的差异性;第四,确权其他效应的文献综述,包括确权对农地经营效率和农户收益的影响、确权对耕地保护的影响、确权对农村金融的影响,以及确权对农业保险的影响等。最后,对相关研究文献进行简单的评述。

第三章是相关基础理论。这部分主要包括产权理论、产权与农地确权的关系、农地流转的相关概念和理论,以及禀赋效应基础理论。具体而言,不同的产权制度下市场交易成本不同,从而决定了不同的经济绩效,相应地,不同的农地产权制度下农地流转市场的交易成本不同,从而决定了不同的农业经济绩效;确权通过对农地产权边界进一步确定和明晰,从而对农业经济发展产生影响;农地流转模式的划分有多种标准,如可根据流转形式、流转对象、组织方式和合约形式等标准对农地流转模式进行分类。农地流转效应包括对农地流转主体和对生产要素报酬的影响;禀赋效应的基础理论部分包括禀赋效应的界定、禀赋效应的心理形成机制和影响禀赋效应的因素。禀赋效应的心理形成机制主要是基于损失规避视角和查询理论视角,而影响禀赋效应的因素包括市场主体的交易动机、交易客体的特性和交易价格的不确定性。

第四章是我国农地产权制度和农地流转的政策演进与实践探索。该部分主要基于历史坐标,梳理了我国农地产权制度的变迁过程以及农地流转政策的发展与实践探索过程,并分析了农地产权制度、农地流转政策的变迁过程及二者之间的内在联系。其中,农地产权制度的政策演进具体分为农民所有制阶段和集体所有、统一经营阶段及家庭承包经营阶段;农地流转政策的演变和实践探索可以分为严格限制交易阶段(1978—1983 年)、接受和鼓励流转阶段(1984—1993 年)、土地流转调整和回落阶段(1994—2001 年),以及快速发展和完善阶段(自 2002 年至今)。

第五章是确权对农地流转影响的理论分析。该部分在基础理论的基础上,进一步分析了确权对农地流转的影响,主要为本研究提供理论框架,即为后续的实证检验提供了理论基础,并提出研究假设。首先,分析确权影响农地流转的具体路径,具体地说,确权如何影响农地流转市场中的租金率、亩产值、交易费用和禀赋效应,以及租金率、亩产值、交易费用和禀赋效又如何影响农地流转,即基于四种中介效应分析确权对农地流转的影响机制;其次,基于四种中介效应的差异,分析不同确权方式对农地流转的影响差异,即租金率、亩产值、交易费用和禀赋效应的中介作用在确权确地组和确权不确地组之间的差异,最终导致两种确权方式的农地流转总效应差异。

第六章是对确权的农地流转效应进行基于多重中介效应的实证检验,即对第五章理论框架中第一部分提出的研究假设进行实证检验。第一,介绍数据的来源、样本地区分布、变量的定义、指标选择和描述性统计以及数据的有效性检验;第二,基于 SPSS 软件,利用因子分析法,按照交易过程对交易费用提取了三个公因子,并基于因子分析,进一步将这三个公因子转换为交易费用变量,同租金率、亩产值和禀赋效应一起放入分析框架进行中介效应检验,其中主要运用 Bootstrap 方法进行多重中介效应检验;第三,利用 Stata 软件,基于依次检验法分别对租金率、亩产值、交易费用和禀赋效应在确权和农地流转之间的中介效应进行稳健性检验;第四,对本部分进行小结,并汇总实证检验结果。

第七章是基于不同确权方式分析确权的农地流转效应的差异性,即对第五章理论框架中第二部分提出的研究假设进行实证检验。首先,介绍了数据的来源、样本分布状况、变量选择和模型的设定等。其次,就确权方式的农地流转效应差异的实证检验结果进行解释和分析。其中包括确权对农地流转概率和农地流转比例的影响、确权确地和确权不确地对农地流转概率和农地流转比例的影响差异。最后,基于户主年龄特征和户主外出打工情况,对检验结果进行稳健性检验。

第八章是研究结论和政策建议。这一部分主要是对以上各章节的内容进行总结,并根据前面几章的理论分析和研究结论,提出切实可行的政策建议。最后对本研究可能的创新之处和有待完善的问题进行总结和反思。

1.3 研究思路和技术路线及研究方法

1.3.1 研究思路和技术路线

本书的研究主题是确权对农地流转的影响。本研究在进行理论分析后，利用在校本科生①在2017年寒假期间入户调查的522份有效样本进行实证检验。就确权的农地流转总效应而言，笔者支持主流的研究结论，即确权会促进农地流转，并在此基础上进一步分析：(1)确权是如何促进农地流转的？也就是说，确权究竟是通过租金率、亩产值、交易费用，还是通过禀赋效应的中介作用影响农地流转？或者是几个因素共同作用的结果？(2)不同确权方式的农地流转效应差异，即确权确地和确权不确地对农地流转的影响是否存在显著差异？本书的研究思路和技术路线如图1—1所示。

1.3.2 研究方法

(1)文献收集和综合分析法。

只有准确、全面地了解前人的研究成果，才能弄清楚本研究领域的前沿问题，从而进行有效的边际创新。本研究通过对确权方面、农地流转的主要影响因素方面以及确权方式对农地流转影响方面的文献进行梳理，为本书的主体部分，即确权和确权方式对农地流转影响的理论分析和实证检验奠定基础。

(2)定性分析和定量分析相结合。

一方面，对于确权的农地流转总效应，通过查阅文献以及实地咨询和座谈，得到确权对租金率、亩产值、交易费用和禀赋效应影响的定性结论，并对确权的农地流转总效应、不同确权方式的农地流转效应差异进行定

① 本书中的“在校本科生”均为浙江师范大学2016级行知学院商学院学生。

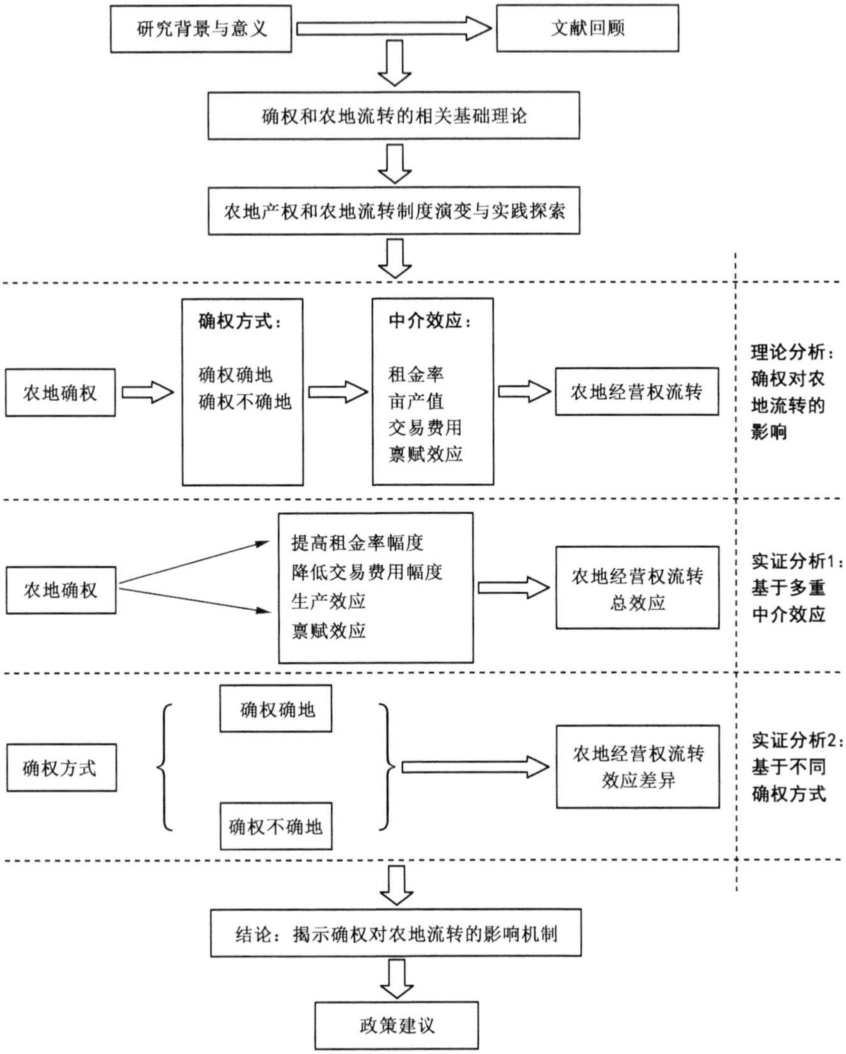

图 1—1 研究思路和技术路线图

性分析;另一方面,通过计量检验分析租金率、亩产值、交易费用和禀赋效应在确权和农地流转之间的中介作用;通过计量模型检验不同确权方式的农地流转总效应差异。

(3)计量分析中的因子分析法和多重中介效应模型。

首先,在交易费用的测度上,本研究利用因子分析法。具体而言,根据威廉姆森的交易费用理论范式,将交易过程分成三个阶段,相应地,提取的交易费用公因子包括信息搜寻费用因子、谈判费用因子和执行合同费用因子,并进一步将该交易费用公因子作为中介变量进行分析。其次,利用多重中介效应模型分析确权对农地流转的影响路径。本研究按照Zhao et al.(2010)提出的中介检验程序、Hayes A. F.(2013)提出的非参数百分位 Bootstrap 法进行中介检验。具体地,利用 Spss 软件 Process 插件中的模型四实证检验该多重中介效应。最后,本研究基于 Stata 软件利用依次检验法对多重中介效应的检验结果进行稳健性检验。

(4)问卷抽样调查法和部门咨询、座谈方法相结合。

第一,在本研究中,通过邮件联系获得该研究领域知名教授以往的相关农地问卷调查表,并在此基础上进行删减、添加和调整;第二,在 2017 年寒假之前对在校本科生进行多次培训,而后进行预调查;第三,对预调查获得数据的效度和信度进行分析,而后对问卷进行调整;第四,就确权过程中的实际情况,与随机挑选的村委委员及普通村民进行座谈和相关咨询,了解确权过程中存在的实际问题以及推行确权过程中存在的障碍,并对问卷进行一定的补充和修正;第五,在寒假期间,进行正式的入户调查,其中调查的地区涵盖浙江省 11 个地级市。

1.4 可能的创新点

(1)基于目前确权对农地流转影响的主流研究结论,进一步探讨了确权对农地流转的影响机制,即确权主要通过哪些路径影响农地流转。就确权的农地流转效应而言,目前的研究成果大多只关注确权能否促进农地流转,即确权的农地流转总效应,而确权对农地流转的影响机制方面关注较少,也就是说,确权究竟是如何影响农地流转的。本研究基于多重中介效应,即价格效应、生产效应、交易费用和禀赋效应的四种中介作用,分析确权对农地流转的影响路径。本研究实证部分的基本结论是确权主要通过价格效应和生产效应的中介作用促进农地流转,而交易费用和禀赋效应的中介作用不显著。

(2)在分析确权的农地流转总效应的基础上,进一步探讨和验证了不同确权方式的农地流转效应差异。对于确权的农地流转效应而言,目前的研究文献大多集中于确权的农地流转总效应,而对于不同确权方式的农地流转效应差异则关注较少。然而,确权确地和确权不确地在实务操作、产权安排方面有明显的差异,从而导致两种确权方式在价格效应、生产效应、交易费用和禀赋效应方面均相差甚远,因此,从逻辑上来讲,两种确权方式的农地流转效应应该有显著的差异。

(3)就确权的农地流转影响机制而言,加入了禀赋效应这一中介变量,即将禀赋效应和价格、生产效应、交易费用一起纳入研究框架进行整体性分析。就已有的确权对农地流转影响的文献而言,要么从价格效应、生产效应、交易费用角度,要么从禀赋效应角度进行分析,并且得出截然相反的结论,很少有文献对这四种因素进行整体性分析。然而,笔者认为禀赋效应是行为经济学中一个重要概念,被大量的研究成果证实其在市场交易中普遍存在,并且我国农民对农地较高的依赖性决定了我国农地流转市场应该有明显的禀赋效应,因此只有将这些因素放入同一框架分析,才能尽可能地避免因为遗漏重要变量而引起的内生性问题,检验的结果才更可靠。

(4)将交易费用进行因子分析后,进一步将交易费用公因子作为中介变量,分析其在确权和农地流转之间的中介作用。在计量研究方法上,就因子分析法而言,已有的许多文献将因子分析中的公因子进一步作为解释变量或者被解释变量进行多元回归分析,但是将公因子作为中介变量分析的文献目前还较少。

2 文献综述

2.1 确权在实践中存在的问题

制度的经济绩效取决于其激励机制，激励机制取决于正式规则、非正式规则及其实施的有效性(Pejovich,2003)。在制度变迁的转折节点上，正式规则和非正式规则总是会存在一定程度的冲突，而正式规则和非正式规则之间的相容性决定了正式制度是否能被顺利实施。我国确权制度的推行亦是如此。我国农业部在2011年发布了《关于开展农村土地承包经营权登记试点工作的意见》，要求"建立健全土地承包经营权登记簿，把承包地块、面积、合同、权属证书全面落实到户"。在确权的实施过程中，尽管确权工作已被大多数农户认可(叶剑平，2017)，但是自上而下的确权方式和地方性知识在很多方面缺乏衔接性、相容性，导致我国农地确权工作并不顺利，冲突不断，阻碍重重。不仅如此，确权方式的选择也是确权过程中的另一个难点。

2.1.1 确权在实施中的阻碍因素

(1)农地面积"账实不符"，农地位置"四至"不清。

在各地确权的过程中，均不同程度地发现存在农地的台账面积和实际面积不符，以及农地位置"四至"不清等问题(倪坤晓和谭淑豪，2017)，其主要原因在于二轮承包农地的资料不完整，有损毁、失真等情况。例如，由于我国的农地政策从原来的征收农业税转变为后来的发放农业补贴，基于逃避农业税或骗取补贴的目的，在当初登记农地面积时存在故意瞒报和多报的情况，因此登记在册的农地面积和实际农地面积严重不符（陆剑和陈振涛，2017；薛凤蕊，2014）。

（2）农地权利性质和政策之间的矛盾。

我国的农地承包经营权性质是“成员权”，然而，包括党的十七届三中全会在内，中央已多次提出农地承包关系应长久不变，因此，农地的成员权性质与农地稳定性的政策要求有着天然的矛盾。随着家庭人口的不断变化，农地矛盾也越发尖锐。基于此，陆剑和陈振涛（2017）认为，在确权实践中确权客体应该以二轮承包农地作为依据，适当微调，在保持农地承包关系稳定的前提下，基于“公平性”的原则，体现农地承包经营权的“成员权”特征。

（3）确权会激化固有的农地矛盾。

有些农村土地长期界限不清，农地权属不清，权力结构复杂，争议较多，而确权会激化已被长期搁置的农地矛盾（徐江，2015），也就是说，虽然确权试图将农地的权属关系明晰化，但是对于原本权属关系就不明晰的农地而言，确权会激发“沉睡”中的矛盾。例如，丁琳琳和孟庆国（2015）以试行“三权三证”的江西省南昌县为例，认为确权过程中由于土地权属存争议，农民、村干部兴趣不高，导致确权工作开展的阻力较大。

（4）自上而下的确权模式容易忽视地方性知识，引发农户的不满情绪。

当前自上而下的“一刀切”的确权模式带有明显的强制性，忽视了地方差异和村民需求，容易引发农户的抵制情绪。因此，确权在具体实践过程中面临的最大困境是：在自上而下的确权模式下，基层治理原有秩序机制、村庄社会运作逻辑和农民的土地认知结构等因素均构成形塑“被产权”实践的主要因素。一方面，这些因素在阻碍确权工作的推进；而另一方面，这些因素又契合当前农村社会现实和农民实际需求，具有实质上的合理性，因此农户对确权的抵制情绪有一定的现实基础（李祖佩和管珊，2013）。例如，高名姿等（2015）基于江苏省的调查问卷和典型案例分析，发现政府不能及时、清晰地回应基层在农地确权方面的诉求是农地确权政策相关矛盾产生的主要原因。鉴于自上而下的确权方式给农户带来的不满情绪，村集体在确权时必须充分考虑当地的具体农地情况，并注意确权工作推进的方式和方法，例如，田甜等(2017)认为当前自上而下推行的农地确权带有强制性的行政手段，建议只确定农村集体土地所有权的边界，让农地确权成为村庄内部集体决策的结果，允许区域差异性的存在，以减少确权中的矛盾。

除此之外，确权在实施过程中也存在勘测技术不足、资金缺口大和政策之间缺乏衔接性等问题。当然，对于确权过程中的农地纠纷是否能顺利解决还取决于农户对农地权属的认知，而农户的年龄、受教育程度、职业和是否有过土地流转经历均显著影响农户对农地权属的认知。若农户有较高的权属认知水平，且在确权过程中能尊重当地的地方性知识，则有利于化解确权过程中的矛盾，顺利开展确权(陈明等，2019)。

2.1.2 确权方式的选择问题

在一定程度上，正是因为确权在实施中存在阻碍，所以会面临确权方式的选择问题。在很多情况下，正是由于确权确地方式的阻力太大、成本太高，因此村集体才不得已选择确权不确地的方式。当然也不尽然，例如，也存在部分农地在整片开发后村集体基于农地流转的便利而选择确权不确地的情况。相较于确权确地，确权不确地方式在降低农地流转费用方面有明显的优势，比如在降低搜寻交易对象信息和谈判费用等方面，因此，在某些情况下，地方政府更倾向于采用确权不确地方式，如李彤(2017)认为对于已经实行土地规模经营的地区，建议实行确权不确地的方式，以降低农地的细碎化程度并增加农地经营面积；夏柱智(2014)认为，为了整合细碎化的农地产权，建议进行“确权不确界”的虚拟确权制度，以同时满足农民自主产权交易与低成本产权整合两项功能。

尽管确权不确地在降低交易费用并提高集体资源的动员能力方面更有优势，且在农户退出时能够保护农业生产力，但是，确权不确地是一种只能获取收益权，不能转让的准土地股权，即土地产权不完整，因此，对于确权不确地方式的选择必须基于农户的自愿，严格限制确权确股不确地的范围（高强，2016）。例如，张雷等（2015）认为应尽可能对农地进行确权确地，如果实测面积不准、“四至”不清、人均面积少等原因造成确权成本很高，且农户对农地依赖性较低、有较好经济基础的地区，就可以采取确权不确地的确权方式，如土地股份合作制。但是为了防止农户有不满情绪，确股地区应设置确股的退出机制。何晓星（2009）基于双重合约理论，认为确权确地合约属于内私外私合约，而确权不确地属于内公外私合约，且在经济较发达或非农、非粮产业较发达的地区，村庄内部其他产业的正外部性和农业产业的负外部性可以相互融合，互相成为非排他性的公共合约，因此可采用确权不确地的合约形式。

反之，如果在外部经济条件还不成熟的情况下贸然采取确权不确地方式，或者采取确权不确地方式后，由于后续的利益分配问题等不能得到妥善安排，可能会侵害农户的利益，并遭到农户的抵制。张沁岚等（2014）通过对广东省佛山市和东莞市的调查研究发现，在推行了土地股份改革的地区，农民有非常高的确权意愿，超过90%的受访者希望能尽快确权，且20%的股东希望在确权后收回自有农地，即把原来的确股不确地变成确权确地，以保障自己合法的土地权益，说明该地区采取确权不确地方式并没有很好地保护农户的土地权益。另外，薛凤蕊（2014）认为如果采用确权确股不确地的方式确认农民的土地承包经营权，对于文化水平较低、年龄较大且没有务工技能的农民，农地流转后的生活水平可能下降。

2.2 影响农地流转的主要因素

如果土地的转让比较简单和明确，人们对取得土地的愿望更有可能得到满足，地产就会越来越有流动性，这样就更容易使人口合理地分配在土地上，做到人尽其才、地尽其用（Richard T. Ely，1924；Besley，1995）。不仅如此，Deininger（2002，2004）的研究也发现，虽然土地租赁市场和土地行政性再分配都会将土地向资源禀赋较少的农户转移，但土地租赁市场更能促进生产力的提高。那么，如何促进农地的合理流转呢？目前，关于影响农地流转因素的研究成果颇为丰富，分析的角度包括微观层面的交易费用视角、禀赋效应视角和农户视角，中观层面的中介和村集体等视角，以及宏观层面的政策、劳动力转移和经济环境等视角。

2.2.1 交易费用因素

根据新制度经济学，不同的制度安排会产生不同的交易费用，而交易费用决定了交易双方的成本和收益。我国农地流转市场亦是如此，高交易费用向来被理论界认为是阻碍农地流转的主要原因之一。一方面，就客观因素而言，由于我国现有的农地制度缺陷和农地承包经营权的残缺导致了农地流转市场居高不下的交易费用，而交易费用越高，农地转入户的成本越高，且农地转出户的收益越少（钱忠好，2002），因此交易费用对农地流转有显著的负向作用。另外，有些学者更具体地指出，我国农地的细碎化格局导致农地流转成本较高（蒋永甫，2016）。如钱文荣（2003）的研究发现搜寻交易对象的成本和谈判成本太高是农地流转受阻的主要原因；Kimura et al.（2007）利用 2000 年 1 200 户农户数据检验了搜寻成本、谈判成本以及风险成本对土地市场交易的影响。另一方面，就主观因素而言，农户对交易费用的认知程度影响农地流转。罗必良等（2012）的研究发现农户对农地流转过程中的具体交易费用和外部环境的交易费用认知均会显著影响其农地流转行为。

就交易费用视角而言，根据威廉姆森提出的交易费用三维度理论，资产专用性越强，或者专用性资产越多，交易费用也越高。农地流转市场也不例外。因为专用性资产有“锁定”效应，拥有的农业专用性资产越多，则农户放弃农业经营的机会成本越大，农户越倾向于转入农地，越不愿意转出农地。肖文韬（2004）认为，专业化的农业经营虽然会为农地需求方带来较大的利润空间，但是也需要较大的专用性资产投入，且面临较大的风险，其中包括前契约机会主义行为和后契约机会主义行为，因而可能将潜在的农地转入方拒之门外。具体地，一方面，有的学者致力于分析专用性人力资本对农地流转的影响（侯建昀和霍学喜，2016；罗必良和郑燕丽，

2012;刘克春和苏为华,2006)。另一方面,有的学者致力于分析专用性物质资产对农地流转的影响,即农户的初始农地经营规模和专用性物质资产越多,转入农地的概率越大(马瑞,2011;候石安,2012;卞琦娟,2010;朱兰兰和蔡银莺,2016;李琴等,2015)。另外,林文声等(2016,2017)同时分析了人力资本和物质资产专用性对农地流转的影响,其研究结果发现资产专用性的"锁定"效应会极大地阻碍农地流转,抑制农地租金的提高,并且农业资产、人力资本、土地资本专用性和土地依附程度显著抑制农地转出。然而,笔者认为虽然农业专用性资产转做他用的价值较低,但是转手的交易成本也较低,比如大型的农业机械等,易于转手,不会对潜在的农地转出造成障碍。鉴于此,笔者认为专用性农业资产虽然可以激励农地转入,但是对农地转出的影响可以忽略不计。例如,李孔岳(2009)利用广东省 10 市的调查数据研究发现,实物资产专用性和人力资本专用性不论是对农地转出还是农地转入的交易费用,影响都很有限。

2.2.2 禀赋效应因素

行为经济学认为市场交易中的禀赋效应是普遍存在的,禀赋效应被认为是"行为经济学领域最稳定的现象之一"(Boven et al.,2003)。就禀赋效应产生的原因而言,最早的经典研究是基于心理机制的损失规避心理,即一个人在失去某件物品时感觉到的损失大于其拥有该物品时的效用,该损失规避机制如果用效用和损失函数来表示的话,可以描述为:一个人在损失规避的价值函数上表现为损失的价值函数曲线往往比收益函数曲线更陡峭,也就是说,一个人的损失心理感受比等量物品带来效用心理感受更加强烈。如果市场上的禀赋效应是存在的,那么买卖方为了达到自己福利的最大化,卖方往往就会提高失去物品的最低要价以弥补自己较大的损失心理感受,而买者因为获得物品的效应较小因而愿意支付的最高价会较低,从而导致买卖方出价和要价的错位,减少了交易的可能性。农地流转市场更是如此,禀赋效应的存在,使得转入户的意愿出价低于转出户的意愿接受价,因此减少了买卖方的交易集而抑制农地流转(钟文晶和罗必良，2013；胡新艳等，2017）。不仅如此，由于中国农民对农地天然的依赖性决定了农地流转市场的禀赋效应较强，因此农户的禀赋效应是抑制农地流转的主要原因之一（罗必良，2014）。另外，在农地流转中农户对农地价值的主观评价也影响其禀赋效应的大小，且该禀赋效应依农地流转对象分别为“亲友邻居－普通农户－生产大户－龙头企业”而逐渐增强（钟文晶和罗必良，2013）。

2.2.3 农户因素

就农户本身对农地流转的影响而言，目前的研究主要涉及以下三个方面：(1)农户家庭特征。农户作为农地流转决策的主体，其家庭构成状况或特征均会影响农地流转意愿和行为的发生，比如户主年龄、性别、受教育情况、家庭抚养比以及兼业人口和非农就业人口等（宋辉等，2013；刘斐等，2011；陈飞等，2015；Schultz，1975；Knight & Song，1999；Kung，2002；Firshein，1970）。(2)农户分化特征。对于农户分化，目前的研究大多从两个方面进行分析：一是基于收入差别的经济分化，又被称为垂直分化；二是基于兼业、非农收入占比的职业分化，又被称为水平分化（聂建亮和钟涨宝，2014；许恒周和石淑琴，2012；许恒周等，2012）。(3)农户主观认知。农户对产权的认知水平会激励农地流转。另外，农户对未来生活的预期，对城镇居住的预期和对抛荒的认知，以及农户的价值认知等均会对其农地流转行为产生影响（罗必良等，2012；滕鹏等，2017；马婷婷等，2015）。

2.2.4 劳动力转移因素

随着中国城镇化进程的加快以及农业与其他行业报酬的差距加大，农村劳动力向城市转移的规模已相当庞大，据统计，2016 年，中国农民工人人数已经超过 2.8 亿人，占非农部门就业总量的 50%，而农村劳动力大规模的转出势必减少我国农地经营的劳动人口，使许多村庄“老弱幼”化，而缺乏青壮年劳动力的农户因为对农地“力不从心”很可能会选择农地转出。当然,农村劳动力的转出并不必然导致农地流转,还要取决于众多因素(钱忠好,2008)。例如,罗明忠和刘恺(2015)基于广东省 4 市的调研发现,在农村劳动力转移就业能力中,职业价值、职业行为、交际能力、工作技能、社会资本广度和社会资本深度对农地流转行为都具有显著正向影响,而职业情感对农地流转有显著的负向作用。另外,农村转移劳动力城市融入水平的提升会提高其农地价值感知,从而促进长期稳定的农地流转(刘恺和罗明忠,2015)。

2.2.5 村集体及地方各级政府因素

一方面,村集体及地方各级政府在农地流转中起着举足轻重的作用。具体而言,村集体及地方各级政府在信息搜寻、农地流转谈判和纠纷协调等环节中具有明显的交易成本优势。例如,不仅获得市场信息的成本较低,而且由于信息透明及其较高的威望,谈判或纠纷过程中的协调成本也会降低等。周敏等(2017)以黑龙江省西城村为例证进行研究,结果表明政府在激发农户农地流转积极性、提高农地流转效率、促进农地适度规模经营方面发挥了积极作用。其作用呈现以下特征:其一,在农地流转方面,尤其是在农户将农地流转给农业大户、合作社或企业时,涉及的农地流转规模较大,并且由于农地空间的不可移动性和农地流转的"亲缘、地缘、人情关系"特征(罗必良,2014)导致陌生市场主体谈判成本较高,而村集体则可以有效降低农地流转过程中的交易费用;其二,关于村集体在农地流转中的作用,省级差异明显,且上级政府在农地流转中的作用有加强的趋势(钱忠好和冀县卿,2016);其三,越是在经济落后的地区,市场的作用越小,越是凸显政府的作用(诸培新等,2011)。另外,村集体对土地进行行政性调整也是改善土地配置效率的有效方法之一(Rozelle,Brandt et al,2002)。

另一方面,村集体及各级政府在农地流转过程中存在过度干涉,甚至强制流转的问题。村集体和地方各级政府在参与农地流转的过程中,通常基于经济利益、政绩等私利的考虑,有动机对农地进行强制性流转。例如,李菁和欧良峰(2014)认为农地流转是典型的买方市场,在利益驱动下,村集体具有强制性流转路径依赖,加剧了资本对农地产权的侵蚀,形成农户自演化产权与强制性产权的激烈冲突。不仅如此,郜亮亮等(2014)的研究结果表明村级流转管制增加了农地流转的交易成本,并抑制了农地流转。

总之,目前我国政府在农地流转中同时充当“裁判员”和“运动员”的角色。然而,随着市场环境的改善,政府应该逐步退出“运动员”角色,依靠市场主体本身促进农地流转(马贤磊等,2016),即在农地流转过程中,政府作用的发挥应坚持农民主体地位的原则,合理划分地方政府与市场之间的边界,以提高农地流转的效率和水平(王红婵,2012)。

2.2.6 中介组织因素

对于较大规模的农地流转,对农地需求方在资金、管理和销售渠道等方面均有较高的要求,因此该流转模式面临高昂的信息搜寻成本、谈判成本等,而这些问题是大规模农地流转不畅的症结所在。对于这类问题的解决,政府的作用是有限的,农户的作用更加微乎其微,而中介组织则至关重要,例如,韩喜平和张军委(2015)认为农地流转不畅与农地流转服务中介作用的发挥欠缺有关,其主要原因包括政府对平台重视程度不够及“先天性障碍”等原因,因此政府应该加强宣传,引导农民对服务平台的认同以及防止农地流转的短期化和无序化。周克等(2017)也通过对交易成本和收益函数的构造发现交易平台在降低搜寻成本和谈判成本等方面有显著的作用。

农地流转的中介组织一般致力于提供收集信息或资金等方面的服务,可降低农地流转中的各类交易费用,其形式主要包括:第一,土地银行。农村土地银行可以通过降低农地流转中的信息搜寻成本、谈判成本和决策成本等方式提高农地流转效益(阮小莉等,2014),从而促进农地流转。第二,土地股份合作社。土地股份合作社对农地流转和集中起到重要作用,且有利于农业以外的经济主体参与农业经营,降低了搜寻农地流转需求方的信息成本(包宗顺等,2015)。另外,何一鸣和罗必良(2013)认为可以设计出一种分成契约安排,通过实现农地股份合作经济组织的收益最大化以促进农地流转。第三,土地流转信托机构。由于我国农地所有权和使用权的分离,以及农业生产的周期较长,风险较高,因此土地信托试点推进较慢,还处于摸索阶段。例如,张燕和王欢(2015)提出创建"政府引导型"农村土地信托流转机制,有利于农地的连片和农地经营效率的提高;胡光志和陈雪(2015)认为,政府应该在尊重市场和诱致性制度变迁规律的基础上,建立混合型农地流转信托审批制度和政府农地流转信托机构制度。

除此之外,陈姝洁等(2015)基于中介组织的类型,认为外生型中介组织对农户是否转入和转出及流转程度有显著的正向影响,而内生型中介组织对农户是否转入和转入程度有显著正向影响,对是否转出农地有负向影响,对转出程度的影响不显著,且外生型中介组织对流转的影响超过内生型中介组织。

2.2.7 政策及宏观经济环境因素

中央和地方各级政府的涉农政策以及宏观经济环境对农地流转均有重要影响(Macmillan,2002;Dijk,2003;闫小欢和霍学喜,2013)。具体的涉农政策和宏观经济环境因素包括以下几个方面:

(1)相关涉农政策。

第一,农户补贴。国家的农业补贴政策通过改变农地转出户和转入户的成本与收益,对农地流转市场产生深远影响。例如,陈飞和翟伟娟(2015)的研究发现,农业补贴可以有效降低农地经营的成本,增加其收益,从而有利于激励农户对农地的转入需求。当然,也有大量的研究结果表明,如果农业补贴发放的对象不同、力度不同,政策效果也截然不同。例如,冀县卿、钱忠好和葛轶凡(2015)基于江苏、广西等 4 省的调查数据发现,只有将农业补贴发放给农地经营者而不是承包者,且加大农业补贴的力度才会激励土地流转;钱忠好和冀县卿(2016)的研究结果也表明,对转入土地农户给予补贴、加大农业补贴发放力度以及将补贴发给粮食种植户，能更有效地促进农地流转。另外，农地市场的发育程度也会影响农业补贴的效果，如 Pavel Ciaian & Johan F. M. Swinnen(2006)对当时新加入欧盟的 8 个东欧国家、中欧国家的农地市场进行了研究，发现由于这 8 个国家农地市场的不完善，农业补贴并没有像在完善市场中那样发挥应有的作用。第二，信贷支持。现代化的农业经营以适度规模经营为基础，而规模经济会提高市场准入的资金门槛，这是目前我国农地流转市场需求不足的重要原因之一。杨丹和高汉(2012)认为，农村信贷市场的不完善束缚了我国农地流转，并基于 6 个省份的农户调查数据进行实证分析，结果表明信贷资金的可得性能够显著提高农地流转面积和流转概率(侯建昀和霍学喜，2016；张沁岚等，2017)。另外，就信贷渠道而言，许泉等(2016)认为，正规信贷和非正规信贷对农地转入行为和转入规模均有显著的激励作用，但是由于农村正规信贷市场不完善，更加凸显非正规信贷对农地转入规模的影响。第三，社保措施。社会保障水平会影响农户的农地转出行为，Scott，J.(1976)通过对东南亚农民的考察发现，在人均农地资源较少的情况下，农户往往不是基于利益最大化进行决策，而是注重对风险的规避和生存保障的考虑，从而出现“惜地”的倾向。因此，注重对失地农民进行社会保障制度的构建(鲍海军和吴次芳，2002)和保障水平的提高可以为农地转出户解决“后顾之忧”，增加农地的供给。基于该问题，岳浩永等(2005)认为，对于放弃农地的农户，应该让其逐步地、阶梯式地融入城市社会保障体系，以降低农户对农地的依赖程度，促进农地流转。

(2)宏观经济环境。

宏观经济环境对农地流转的影响，主要包括经济发展水平、产业发展状况、市场供求变化以及城乡发展差距等。赵元笃(2014)认为，三大产业的结构偏离度对农地流转具有长期的负的冲击效应，其偏离度的缩小则有利于促进农地流转。另外，城市工资水平、非农就业率也能显著促进农地转出(杜文星和黄贤金，2005；陈飞，2015)。除此之外，温涛等(2017)认为，城乡工资水平差距提升了务农的机会成本是导致农户愿意流转农地的根本原因，并且地区经济发展程度也显著影响农地流转。

2.3 确权的农地流转效应

我国中央目前开展的新一轮确权工作，其主要目的是解决我国农村土地利用效率和细碎化耕作问题。而农地利用效率与农地的规模化、现代化经营息息相关（张丽丽等，2013；张沁岚等，2017），因此，农地流转作为实现规模经营的主要渠道之一至关重要。那么，确权会如何影响农地流转呢？

2.3.1 确权对农地流转规模的影响

（1）确权可以促进农地流转。

目前主流的研究结果表明，确权可以促进农地流转，包括提高农地流转概率、增加农地流转面积以及提高农地流转比例等。如 Holden & Bezabih（2006）、Holden et al.（2011）发现土地确权提高了土地流转市场的参与率，且女性户主的农户更倾向于转出农地。具体而言，确权的农地流转效应主要涉及以下几个分析视角：

①交易费用视角。

我国的农地流转市场由于产权残缺导致较高的交易成本，并且由于信息不灵造成较高的搜寻成本和谈判成本，因此，农地流转市场的供求量减少（钱忠好，2002；钱文荣，2003；丁玲和钟涨宝，2017）。确权可以明晰产权，降低交易费用，提高转出户的农地流转收益并降低转入户的农地转入成本，从而促进农地流转。Galiani et al.（2010）利用布埃诺斯 2003—2007 年的调查数据分析表明，确权可以降低农地的转让成本，从而提高农地流转率。程令国等（2016）则基于风险的角度，认为确权会降低土地制度风险，从而降低交易费用，以此提高农地流转的可能性和土地流转量，并提高土地租金率。另外，胡新艳和罗必良（2016）基于侵权的角度，利用广东、江西两省农户的调查数据进行研究，认为确权通过提高农地产权的明晰性和稳定性，有效约束交易双方的机会主义行为和防范第三方的侵权行为，有利于降低交易费用，提高了农地流转交易活动的可预见性，增加了农户的农地流转意愿。

②产权安全性视角。

农地确权进一步厘清了农地产权结构，并以登记颁证的方式为农户的农地产权提供了法律依据，因此提高了农户的农地产权安全性（Macours et al.，2010），降低了双方交易的纠纷和不确定性（Feder & Nishio，1998；Alston & Libercap，1996；Deininger & Feder，2009；Yami & Snyder，2016），从而促进农地流转。如 Yami et al.（2015）对埃塞俄比亚的调研发现，确权能减少农户在流转农地时被租赁者侵占的担心，提高产权安全性，进而促进土地流转；黄宝连等（2012）以四川成都为例开展研究，结果表明农地确权颁证明确了农地各项产权主体，为农民土地利益和产权流转提供了产权制度保障，能极大促进农地流转。具体而言，基于农地转出户的视角，丁玲和钟涨宝（2017）、林文声等（2017）认为，确权通过提高农地产权的安全性，降低了转出户的顾虑，从而促进了农地转出。

那么，确权通过提高产权安全性是如何促进农地流转的呢？马贤磊等（2015）认为，确权能够增强农户的农地产权安全性，而农地产权安全性的提高通过生产性效应、价格效应和交易成本效应对农地流转产生影响，其实证结果表明土地承包合同提高了转入户转入农地的可能性以及农地流转比率。

③地权稳定性视角。

对土地进行频繁的再分配会损害土地产权的安全、稳定性及使用效率从而影响对土地的投资（Kimura et al.，2011），因此，地权稳定是农地流转的基础，如果地权缺乏稳定性，农户可能会选择对抗的方式，而不是交易来解决农地资源的需求矛盾（黄少安，2010）。大量的研究结果显示，确权有利于提高农地的地权稳定性（Deininger et al.，2008，2011；Holden et al.，2011），许庆等（2017）基于 2011 年“中国健康与养老追踪调查”数据,研究发现确权有助于提高地权稳定性,促进农业劳动力向非农就业转移,而劳动力的非农转移促进了农地流转,不仅农户的农地转出概率显著提高,而且农地流转面积也增加了。另外,刘玥汐和许恒周(2016)基于农户分化的角度,认为明晰农地的承包权和经营权能提高农地产权的稳定性,激励对农地的长期投资,进而促进农地流转。

(2)确权不会促进农地流转,甚至会抑制农地流转。

部分研究结论表明确权不会促进农地流转(Do & Lyer,2008),有的研究者甚至认为确权会抑制农地流转。具体研究视角包括:

①禀赋效应视角。

正如前文所述,禀赋效应会抑制农地流转,而确权通过提高农户的农地产权强度,进一步强化了禀赋效应,从而抑制了农地流转。例如,罗必良(2016)基于行为经济学的角度提出,确权能通过强化农地产权、加强农地流转市场的禀赋效应,抑制农地流转,且禀赋效应呈现出状态依赖性和对象依赖性特征。另外,蔡洁和夏显力(2017)基于关中一天水经济区622户农户的调查数据进行研究,结果表明:禀赋效应会导致确权对农户农地流转行为有抑制作用。鉴于此,本研究将禀赋效应作为中介作用之一进行考察。

②生产效应视角。

确权能改善资源配置效率,对农地集约利用与土地生产率的提高有显著促进作用。一方面,确权能提高农地的产权稳定性,而地权的稳定性有利于农户对农地的长期投资(姚洋,1998)。黄季焜和冀县卿(2012)的研究也发现,农地使用权确权会激励农户长期投资意愿,提高有机肥的施用概率和施用量,提高对农地的稳定性预期。另一方面,确权会提高农地产权的安全性,而农地产权安全性的提高有利于农户对农地的投资,即确权有显著的生产效应,而生产效应通过提高农户的农地经营收入抑制农地流转(马贤磊等,2015)。例如,林文声等(2016,2017)认为新一轮确权通过生产效应、交易费用、交易价格和农村要素市场联动4种机制的叠加作用影响农地流转,但是由于生产效应会提高农地经营的收益,减少农地供给，其实证检验结果表明确权在总体上并不影响农地转出，但会抑制农地转入。

③交易费用视角。

虽然从产权经济学的角度看，确权可以通过明晰产权降低交易费用，但是有的学者认为，因为我国农地本身已存在“细碎化”问题，而农地地理空间的不可移动性使确权进一步固化了农地的“细碎化”格局，提高了农地流转中的交易成本和“敲竹杠”的风险，因此抑制了农地流转（杨成林和李越，2016）。尽管如此，但是鉴于确权在降低农地流转过程中的信息搜寻成本、谈判成本等方面的显著作用，笔者仍然支持主流的研究结果，即认为确权主要降低了农地流转中的交易费用，而不是相反。

另外，也有的学者认为，确权虽然在一定程度上可以解决产权缺陷，但不能从根本上打破农地流转供需双重不足的局面，因此确权对农地流转的影响还要取决于政策的执行力度和农地流转的自由度（熊彩云，2014）。

2.3.2 确权对农地流转形式的影响

由于确权提高了农地产权安全性，因此它拓展了农地流转的范围，使得农地流转市场中的流转对象和合约形式都发生了明显的变化。具体而言，确权导致农地流转市场化程度提高，流转对象正在由亲友或其他普通农户向企业等陌生市场主体延伸；合约形式也不断地由空合约和口头合约向书面合约转化。

（1）流转对象视角。

确权提高了农户的农地产权安全性，潜在转出户可以在更大范围里寻找交易对象，导致流转对象从有地缘、亲缘、血缘关系的亲友或农户转向陌生的市场主体，促进了农户—企业/合作社流转模式的发展。如李隆伟（2016）的研究发现，确权后土地流转对象正在由原来的小农户逐步向新型农业经营主体（如农业企业、农业专业生产合作组织以及家庭农场等）过渡，新型农业经营主体逐渐成为农地流转对象的主体，并对传统农户一农户流转模式产生挤出效应。付江涛(2016)的研究结论也表明,随着确权的实施,农村机动地减少或正在流向外来种植大户、合作社和企业等新型农业经营主体,即随着确权的实施,农地流转的对象范围在扩大、市场化程度在提高。另外,胡新艳和罗必良(2016)也认为确权使农地流转对象从非市场化向市场化转化,虽然这一结论在其实证检验中并不显著。

(2)流转合约视角。

在农地流转市场上,越是趋于稳定和完善的产权制度设计,越能促使农户选择弱连带关系者或无连带关系者为农地的承租对象并采取正式合约形式(李隆伟,2016;付江涛,2016)。随着确权的实施,农地流转的市场化程度不断提高,农地流转对象的范围不断扩大,基于透明信息和信誉机制,以自我履行机制为主的空合约和口头合约已经不合时宜。这是因为在农地流转市场发展的初级阶段,农地流转的范围主要以有血缘、亲缘和地缘关系的熟人社会为主,即市场主体之前信息透明程度较高,所以,信誉机制作为私人执行资本的重要组成部分在约束交易双方自我履约方面起到关键性作用。然而,随着农地流转市场化程度的提高,面对陌生的市场主体,信息的透明度下降,信誉机制的作用有限,空合约和口头合约的履约成本会大大提高,因此为了降低履约成本,需要签订正式的书面合同,以降低履约费用并降低双方"敲竹杠"的概率。胡新艳和罗必良(2016)的研究发现,确权能激励农户采用正式合约的意愿。

2.3.3 不同确权方式对农地流转的影响差异

相较于确权确地,确权不确地方式在降低农地流转费用方面有明显的优势,比如搜寻交易对象信息、谈判费用等,因此确权不确地比确权确地的农地流转效应更大。比如,在签约前的合同谈判阶段,对于确权不确地的农地,其收益分配是基于份额,而不是实际的农地,因此由农地的异质性(如地理位置、肥沃程度不同等)而引起的谈判费用会大大降低,不仅如此,事后不适应引发地再谈判成本也较低。比如,在外部市场环境发生剧烈变化的时候，有的农户基于利益最大化的考虑产生退出动机，但是由于农业生产周期较长、需要连片经营、农地位置不可移动，转入方前期又进行了大量的专用性资产投入，因此潜在的中途退出的农户很可能会对转入农地的企业进行“敲竹杠”，对其准租金进行挤占。而确权不确地因为农地位置的不固定性可以降低再谈判费用，并降低“敲竹杠”的发生概率。由此可见，与确权确地相比，确权不确地在降低交易费用方面的作用更大。不仅如此，由于确权不确地的农地便于连片流转，流转的对象主要是企业、合作社，且多以规模化的现代经营模式为主，因此，其较高的回报率决定了转入农地的租金率可能更高，而租金率的提高会激励农地转出。因此，确权不确地比确权确地的农地流转效应更大(李金宁，2017)。

2.4 确权的其他效应

2.4.1 确权、农地经营效率和农户收益

确权能够提高农地经营效率，从而提高农户收益。首先，确权对产权安全性的提高能让农户更愿意外出从事报酬较高的非农工作，提高农地转出户的收入；其次，确权可以解决农民抵押品不足的问题，便于农民以承包经营权作为抵押为农业生产经营获得资金，提高农地经营收益(朱北仲，2015)；再次，通过农地确权，可以加强产权强度，推动土地规模经营，扩大市场范围，实现服务的规模经营以降低交易费用，促进农业从规模经济向分工经济转型(陈昭玖和胡雯，2016)，但应防止新型农业经营主体的“非农化”(王国敏和翟坤周，2014)；最后，确权会激励农户对农地进行长期投资，从而提高农地的经营效率，并提高农户收益。Feder et al.(1998)的研究结果表明土地确权登记可以显著提高农地生产率。另外，有的研究者持相反看法，例如何雪峰(2015)认为，当前的农地承包经营权确权工作的依据是《中华人民共和国物权法》(以下简称《物权法》)，而《物权法》的权利逻辑和农地承包经营权的效率逻辑是完全不同的，因此在农地的

细碎化问题尚未解决时，对承包经营权的确权可能会导致严重的效率损失。

2.4.2 确权和耕地保护

确权提高了农地产权的强度和私有性，同时也增强了农户对农地的处置能力和归属感，因此，确权会激励农户对农地增加投资和提高农地租金，即确权提高了农地经济收益，从而对抑制农地抛荒和保护耕地有重要意义。如罗明忠等(2017)基于四川、河南和山西3省的问卷调查数据进行分析，实证结果表明农地确权显著抑制了农户的农地抛荒行为，且农户主要是通过增加对自有农地的耕作而非农地流转实现抑制农地抛荒。薛凤蕊(2014)发现，在确权过程中当中央政府作为委托人，而地方政府、村集体组织和农户作为代理人时，地方政府和村集体组织在博弈过程中会减少对耕地的保护，但是土地确权有助于增强农民对耕地的保护。

2.4.3 确权和农村金融

农地流转，尤其是大规模的农地流转，离不开农村金融的支持，而农地确权则为农地经营权在农村金融中进一步发挥作用奠定了基础。彭魏倬加和李中(2016)基于对湖南县域的实证检验，结果表明确权有利于降低农村金融对熟人社会的依赖程度，提高了农民的贷款额度和金融覆盖面，促进农村金融交易环境的改善，总之，确权可以从宽度、广度、深度和交易环境四个维度促进农村金融的发展;米运生等(2015)也认为，土地确权不仅提高了制度信任在商业银行风险控制中的重要性，而且降低了商业银行对人际信任和社会资本的过度依赖。另外，Routray & Maheswar (1995)的研究结果表明，拥有土地法律文本的农户通过土地获得抵押贷款的概率更高，且贷款规模更大。总之，通过促进人际信任向制度信任的模式转换，土地确权有利于农村金融的良性发展。

2.4.4 确权和农业保险

虽然我国农业保险尚处于较初级的阶段，但是由于确权制度使农地更便于被抵押以及进行其他的处置，因此有助于我国农业保险在覆盖范围和形式上有所突破。例如，沈杰(2017)基于12个农地确权试点省份2009—2014年数据，验证了农地确权对农地流转集中具有显著促进作用，而农地流转集中又进一步地对我国农业保险发展有显著促进作用。反之，农业保险市场对农地产权制度也有重要的影响(Kung，1995)。

2.5 小 结

综上所述，就农地流转的影响因素而言，目前的研究成果主要涉及宏观视角(政策、经济发展水平等)、中观视角(村集体等中介组织)以及微观视角(户主、农户、家庭、交易费用等)。并且理论界存在两种相反的观点。一种观点认为，农地确权可以明晰产权，有助于促进农地流转。该观点认为确权是农地流转的前提和基础(周其仁，2009)，土地确权明晰了产权，减少了流转中的不确定性，使土地流转量大幅增加(程令国等，2016)，例如刘玥汐、许恒周(2016)认为，确权尤其是对土地承包权和经营权的明确，可以降低交易费用，从而促进农地流转。另一种观点认为，确权不会促进农地流转，甚至还会抑制农地流转。确权虽然提高了农户的流转意愿，但是并未显著促进农地转出(胡新艳、罗必良，2016)。不仅如此，确权还可能因为强化了农地流转市场中的禀赋效应或者强化了"细碎化"格局而抑制农地流转。如钟文晶、罗必良(2013)利用广东省数据实证检验的结果表明，农地均分制决定了农民对农地的禀赋依赖性较强，土地确权使得农地对农户的禀赋效应进一步增强，从而抑制了农地流转。另外，Jacoby & Minten(2006)认为，土地登记会显著影响农户对自身所拥有土地的处置行为，确权之后土地流转的可能性更低。

需要指出的是，现有的研究主要存在以下不足：第一，在实证检验中往往只侧重对确权的农地流转总效应的检验，而对于其中的影响路径重视不足，即确权对农地流转的影响主要是通过什么机制实现的。虽然大量研究指出，确权不仅能提高农地租金率、降低交易费用、激励农户对农地进行投入从而提高农地产出，而且强化农地流转市场中的禀赋效应，从而影响农地流转，但是对于确权—租金率、亩产值、交易费用、禀赋效应—农地流转之间的相互关系鲜有实证分析，即确权是否能够以及在多大程度上通过租金率、亩产值、交易费用和禀赋效应的中介作用影响农地流转。然而，只有了解确权是如何影响农地流转的，才能够多角度地干预确权对农地流转的影响机制，使确权在促进农地流转方面发挥更大的作用。第二，就确权的农地流转效应而言，基于不同确权方式的研究较少。本研究认为，对于确权的农地流转效应得出相反的研究结论可能的原因在于忽视了不同地区间确权和农地流转之间中介效应的差异以及不同确权方式对农地流转影响的差异，因此本研究也特别关注了不同确权方式的农地流转效应差异。

3 相关基础理论

在前文回顾相关文献的基础上，本章主要介绍本研究涉及的各种基本概念和相关基础理论，一方面，介绍了产权与交易费用的基本概念和理论，产权制度和农业经济增长的基本理论，确权和确权方式的基本概念和理论，旨在为更好地理解第四章“农地产权制度和农地流转”中政策变迁的产权含义以及交易费用含义做理论铺垫。不仅如此，也为第五章中关于确权及不同确权方式的产权、交易费用含义提供基础理论支撑。另一方面，本章还介绍了农地流转的基本理论，如农地流转的界定、农地流转模式和农地流转效应等，还有禀赋效应基本理论，如禀赋效应的界定、禀赋效应形成的心理机制及其影响因素等，旨在为第五章分析价格效应、生产效应、交易费用、禀赋效应在确权和农地流转之间的中介作用做基本理论的铺垫。

3.1 产权理论

农地确权是对农地产权权能的进一步确认和明晰，因此了解产权的内涵及其基本理论有助于理解农地确权对农地产权带来的影响以及引起交易费用的变化，并最终影响农地流转。另外，也有助于理解我国农地制度和农地流转的产权意义。

3.1.1 产权与交易费用

(1)产权的界定。

Alchian(1965)认为经济学的本质是研究稀缺资源的产权，而一个社会中的稀缺资源分配是指将权利在资源的使用中进行分配。那么,什么是产权呢?根据《新帕尔格雷夫经济学大辞典》,产权是通过社会强制而实现的对经济物品的多种用途进行选择的权利。然而,不同的学者因为侧重点不同,对产权的内涵做出了各自不同的诠释。有的学者认为产权描述的是人和物之间的关系,如埃格特森(2004)认为产权是个人使用资源的权利。但是,更多的学者认为产权描述的是人和人之间的权利界限关系,如德姆塞茨(1994)认为产权是指产权的所有者拥有以特定方式行事的权利,即产权包括了一个人或其他人受益或者受损的权利。费吕博腾和配杰威齐(1994)指出:"产权是指由于物的存在以及关于它们的使用所引起的人们之间相互认可的行为关系。"在通常情况下,对产权的界定都是基于人为的设定,认为产权是通过法律和政府界定的,但巴泽尔(1985)则是基于市场的角度,通过汽油的例子分析了个人可以通过多种方式在边际上界定和放弃产权,即拥有的产权并非只是依据法律而实现的权利,而是"他们自己直接努力加以保护、他人企图夺取和政府予以保护程度的函数",即产权大小取决于真正能被所有者实现的权利。不仅如此,巴泽尔认为产权是会随着获得产权的成本和收益的变动而不断地实现和放弃的动态过程。

(2)产权与交易费用。

作为现代产权理论的基石,交易费用理论首次由科斯在《企业的性质》一文中提出,该理论认为企业和市场是两种在不同外部条件下相互替代的资源配置机制,即人类行为的有限理性、交易中的机会主义和不确定性导致了高昂的市场交易费用,而为了节约交易费用,企业作为代替市场的合约结构应运而生。随后科斯在其《社会成本问题》一文中,进一步阐明了在契约签订、实施过程中,一些额外的支付是不可避免的,并且将交易费用具体化,指出"为了进行一项市场交易,有必要发现和谁交易,告诉人们自己愿意交易及交易的条件,要进行谈判、讨价还价、拟定契约、实施监督来保障契约的条款得以按要求履行"。

对于交易费用的界定者,除了科斯,还包括阿罗、巴泽尔、威廉姆森和张五常等。虽然在《企业的性质》一文中，科斯最早意识到交易费用，但“交易费用”一词则是由阿罗在对保险市场的逆向选择问题和市场经济运行效率进行阐述时明确提出的。威廉姆森则进一步地基于有限理性、机会主义和资产专用性假设，提出交易费用取决于交易的三个维度，即不确定性、交易频率和资产专用性。威廉姆森按照具体的交易过程，将交易费用分为搜寻交易对象的费用、合同谈判费用和合同执行过程中的费用。本书主要沿用威廉姆森交易费用的框架（威廉姆森，1985）进行理论分析和实证检验。另外，张五常对交易费用从广义上进行定义，认为交易费用是指鲁滨孙世界中不存在的所有费用，不仅包括具体交易过程中的费用，也包括制度运行费用，即除了与物质生产和运输过程直接有关的费用外，所有的费用均为交易费用。巴泽尔（1997）则是将交易费用具体到产品的属性上，他认为权利的获得、保护和转让所需要的费用便是交易费用，而产生交易费用的原因在于商品属性的多样性和人类认知的有限性。人们在测度每种属性时都需要付出高昂的成本，每一种属性均有可变性，人们的认知也在变化，所以产权一直处于不断的变化中，并随着获得产权边际收益或边际成本的改变，产权在不断地消失和产生。因此，他不仅提出交易费用是界定和保护产权的费用，而且从动态上理解产权的内涵。

就产权的功能而言，科斯认为产权只要被明确界定，资源就能得到有效配置；德姆塞茨认为产权界定了人与人之间行动的边界，通过产权可以实现外部效应的内部化，而产权之所以有此功能，就是因为产权界定明晰可以降低大量的交易费用，而当一项决策的交易费用小于其收益时新的产权便会产生，因此产权明晰可以使潜在地留在公共域的利润内部化，降低租值消散（巴泽尔，1982；张五常，2015）。

3.1.2 产权与经济增长

诺斯从宏观的角度指出，制度是一系列的被规定的规则、系统程序和行为的道德规范。制度的主要目的是约束追求最大化利益的个人行为，而这些规则塑形了经济活动激励系统，从而决定了经济增长，因此，经济增长有赖于合理的产权制度；德姆塞茨则从微观角度提出，对个体的产权界定越完整，那么他对自己经济决策的成本和收益就越有预见性，不确定性就越小，这样有利于增进资源的有效配置和使用。

（1）产权制度决定了经济增长。

产权的界定会影响经济增长，合理、明晰的产权界定会使市场主体感觉自身从事生产经营获得的价值，预见其未来的收益，即产权制度的核心作用是降低市场主体从事经济活动的交易费用和风险，从而合理配置资源。新制度经济学认为，在存在交易费用的假设下，不同的初始产权界定会产生不同的产权效率，而不同的产权效率决定了不同的产出绩效。如Knack & Keefer（1995）的研究结果表明产权的稳定性会显著地正向激励经济增长。徐涤非（2012）认为，合理的产权结构能促进区域经济增长，提高区域经济增长的效率。但是，究竟怎样的产权结构是合理的？对于产权的限制是自由多一点好还是管制多一点好？目前的研究文献存在很大分歧，如魏建（2010）认为选择性地对那些符合中国特定阶段经济增长需要的产权进行强力保护，可以实现经济增长的核心目标，形成与中国特定的经济增长方式相匹配的产权保护格局，而郭艳茹（2005）则认为管制引起的产权稀释会影响社会演化和经济增长。

（2）经济增长反作用于产权制度。

经济增长对产权制度的反作用力体现在以下几个方面：首先，经济增长约束了产权结构，任何产权结构都不可能超越当时的经济发展水平；其次，经济增长能够激励产权结构的变迁，例如，当经济增长到一定水平，如果在现有的产权结构下有降低交易费用的空间，对新的产权结构产生潜在需求，从而可能引起诱致性的产权制度变迁；最后，经济增长通过对产权结构的绩效评价进行反馈，能促进产权结构的渐进性优化调整，激励产权结构的合理变迁。

由此可见，产权制度和经济增长相互影响、互相制约，例如，杜浩然和黄贵田（2015）利用面板格兰杰因果检验发现产权结构变动和经济增长互为因果关系，产权结构变动对中国的经济增长有显著的正向影响，另外经济增长对产权变革产生显著的推动作用。

3.1.3 农地产权与农业增长

(1)农地产权的界定。

农地产权的内容包括所有权、使用权、处置权和收益权。从功能的角度看,产权可以分为法律维度和经济维度。法律维度是指国家以法律的形式加以保护的权利,又称名义上的权利;经济维度是指权利主体真正能享受到的权利,又称实际上的权利。由于交易费用的存在,两者往往是不相等的(李宁,2016),并且交易费用越大,两者背离得越远。例如,农地产权残缺(钱忠好,2002)会导致产权的保护、获取以及变更成本较高,因而实际意义的产权会远远小于法律界定的产权。学者对农地产权的界定也经历了从整体到细分的过程,早期的研究一般是基于整体产权,比如大量的研究成果集中在家庭联产承包责任制对农地绩效的贡献(叶剑平等,2000;盛济川等,2010),后来有些学者的研究进一步涉及产权结构的细分,认为农地所有权和使用权两权相分离为特征的新型产权结构内部化了激励与约束(黄祖辉等,1998),农户可以通过农地使用权也可以通过农地收益权实现农地价值,即通过实际的农业经营(张海鹏等,2014)或者转让农地获得租金收入(谢冬水,2014)。

(2)中国农地产权。

根据《中华人民共和国宪法》《中华人民共和国土地管理法》(以下简称《土地管理法》)以及其他相关法规的规定,关于我国现行的农地制度,对于农民集体所有的土地依法属于村农民集体所有,并实行以家庭联产承包为主的责任制和统分结合的双层经营体制,其内容主要包括承包期限、对承包土地的调整和收回、土地使用权的流转和继承等处置权利。在农地的所有权归集体、承包经营权归农户的基础上,进一步提出承包权和经营权的分离,即从原来的“两权分离”过渡到后来的“三权分置”。综观我国农地产权制度的变迁史,自改革开放以来,农地制度改革的过程是产权主体和客体不断明确的过程,即农户拥有权能越来越完整的过程,产权不断明晰的过程,也是交易费用不断下降的过程。例如1986年《土地管理法》中明确了“集体”的形式包括村农民集体、乡镇农民集体和村内农业集体,试图解决集体代理人缺位的问题。而2004年《土地管理法》又进一步明确了集体代理人是指村集体经济组织、村民委员会、乡镇农村集体经济组织和村内各该农村集体经济组织或者村民小组。2007年《物权法》进一步明确了农地的物权性质以及成员权性质,不仅使农地产权的主体更加明晰,并且权能更加完整、更加明晰。2010年中央一号文件要求,各地应该本着“权属合法、界址清楚、面积准确”的原则将农地确认到每个具有所有权的农民集体。不仅如此,2011年国土资源部、财政部和农业部联合下发了《关于加快推进农村集体土地确权登记发证工作的通知》要求加快推进和规范农地确权登记发证工作,以进一步做实农地产权。

(3)农地产权与农业增长。

中国农村问题的核心是农地问题,而农地问题的实质是农地的产权问题,合理的农地产权结构安排会促进农地的合理、高效利用。众所周知,自从中国实行家庭联产承包责任制以来,中国农业经济的增长速度是惊人的,2008年我国的贫困发生率从20世纪70年代末的30%下降到2.3%,据1991年国际货币基金组织统计,那个时期3/4的农业增长量来自家庭联产承包责任制的实施。我国众多学者都对此问题进行了深入研究,如林毅夫(1994)首先对我国的农地产权制度改革与农业产出增长的相关关系进行了研究,结果表明以农地产权制度改革为核心的农村改革对农业总产出的增长贡献相当显著。黄少安等(2005)对1949—1978年我国内地的农业生产效率进行考察,发现不同的土地产权制度会激励不同的生产要素投入量,从而导致农业产出相差甚远,并且就算是在相同的生产要素投入下,农业产出也不同。乔榛(2006)等认为在1978—2004年,我国农村土地产权制度对农业经济增长有显著的贡献。

在此基础上,有的学者将我国农地产权进一步细分,即探讨产权强度和产权分化对我国农业经济增长的影响。一方面,产权强度影响我国农业经济增长。冀县卿和钱忠好(2010)分析了农地产权的变迁过程,指出农地承包政策赋予农民更多的农地产权权能会激励农民农业生产经营的积极性，有利于获得更好的制度绩效。郭中兴和罗志义(2012)基于对我国农地产权制度演化的考察，指出我国的农地产权变迁是个人化程度不断提高的过程，并认为个人化程度较高的产权能有效激励产权主体从事农业生产经营的积极性，从而优化资源配置，提高经济效率。另一方面，产权分化影响我国农业经济增长。姚洋(1998)将农地产权进一步细分为地权稳定性、土地交易权和土地使用权，其计量检验结果表明地权稳定性和土地交易权的改善均显著激励农地产出。李宁等(2012)的研究结果也表明，自改革开放以来，我国农地收益权、农地使用权和农地处分权的排他性均在增强，且这三项权利排他性的增强均显著正向激励土地要素与劳动力要素的农业绩效。

虽然家庭联产承包责任制曾经为我国农业经济发展做出了卓越贡献，但是随着我国经济的加速发展和农业现代化步伐的加快，该制度也逐渐暴露出诸多弊端。

随着我国农业现代化程度的不断提高，基于适度规模经营的需要对农地集中利用的要求与日俱增，农地流转便是实现农地规模经营最主要的途径之一。农地流转市场的完善需要以合理的产权制度作为基础，然而，我国目前的农地制度却存在诸多弊端。一方面，我国的农地产权制度仍然存在权利主体和客体不明晰的问题，如黄少安和赵建(2010)认为家庭联产承包责任制下土地产权权能不足抑制了农村金融的发展，并导致了农民在农村和城市中的双重贫困。土地使用权权能的增强则可以带来农业资本投入的增加以及农村经济的长期增长。钱凤奎(2015)和闻丽英(2016)认为，因为我国的集体土地所有权主体模糊不清，集体土地所有权权能不完全等原因导致现行的农地增值收益分配制度不合理，既缺乏效率，也缺乏公平。另一方面，对农地产权管制太多，没有给予农户充分的权能，导致交易成本上升和社会产出下降，使相当大一部分的农地产权处于公共领域之中，导致严重的租值消散。因此，农地产权管制导致社会经济绩效的下降(张广根，2014)。高岚和张自强(2012)通过对广东省林业的考察,发现产权管制放松是长期经济增长的重要动力。

3.2 产权和农地确权

本部分主要通过对农地确权内涵的界定,分析农地确权对农地产权权能的影响,即农地确权主要是对农地产权进行更清晰的表达,并提供产权的法律凭证。在此基础上,进一步分析不同确权方式的内涵以及不同确权方式产权内涵的差异性。

3.2.1 农地确权的界定

我国农村集体土地确权是对农村集体土地所有权和使用权等进行确定、登记和发证,其中包括农村宅基地、集体建设用地使用权和农用地等。我国的农地确权主要是依据《土地管理法》,并根据中国土地所有权、使用权和他项权利确认、确定的相关规定以及目前土地管理实践的要求,对我国农村集体的每宗农地经过登记申请、地籍调查、核属审核、登记注册、颁发土地证书等土地登记程序,并最终进行确认、确定。具体而言,主要包括制定和完善确定土地权属方面的法规、政策,以及处理土地权属争议和办理土地权属的登记造册、核发证书等。

我国农地确权登记在解决农村集体土地权属纠纷方面有积极作用,也有利于在城镇化、工业化和农业现代化进程中更好地维护农民权益。不仅如此,从长期来看,农地确权有助于依法确认和保障农民的土地物权,从而使我国农地产权清晰、权能明确,并最终建设流转顺畅、分配合理的农村集体土地产权制度。

3.2.2 农地确权和产权

从产权经济学的角度看,中央对农地的确权不是对产权制度的重新安排,而是对农地产权束中所有权、承包权的进一步核实和确认(杨庆芳,2015),即村集体拥有农地所有权,农户拥有农地的承包权和经营权,当农户自己经营农地时，则承包权和经营权同时由农户支配，如果农户选择转出农地，则承包权和经营权分离，农户获得农地承包经营权的租金，因此，农地承包权具有财产权的性质。

虽然我国农地确权并没有对农地产权制度进行实质上的重置，但对农地产权有着深远的影响。首先，农地确权提高了农地承包经营权的安全性和稳定性，激励农户对农地长期投资，从而提高了农地产权的预期价值，不仅如此，产权安全性的提高有助于农户在更大范围内或者以更多样化的形式实现农地承包经营权的经济价值，因此有利于促进农地所有权、承包权和经营权的分离；其次，农地确权提高了农地产权的明晰程度，增强了农地产权的排他性，降低了农地流转交易费用，即农户通过除自己经营以外的其他形式来实现农地经济功能的成本下降了。因此，农地经营权的经济价值能以更多的方式实现，从而提高了其价值。这是因为，根据产权经济学，如果产权被明确界定，则产权的排他性会导致产权不仅会落入善用者手中，而且会被利用在最高价值的项目上。也就是说，由于农地确权提高了农地承包经营权的排他性，因此农地产权能够在更大范围里被最优利用，因此农地价值得到提高。这一点和巴泽尔对产权功能的分析殊途同归，巴泽尔在《产权的经济学分析》一书中指出，产权被规定得越明确，产权的强度越高，保护产权的成本就越低，那么留在公共域的“未实现的”产权就会最大限度地被内部化，产权的价值就越大。总之，确权强化了农户的农地承包经营权，农地承包经营权的排他性程度提高，农地流转交易费用下降，从而拓宽了农地流转范围以及农地流转方式，最终提高了农地承包经营权的经济价值。

3.2.3 确权方式、产权与交易费用

(1)确权方式。

目前我国农地的确权方式有两种：一种是确权确地，另一种是确权不确地(确权确股不确地)。其中，确权确地是指每户人家承包的农地都有明确的“四至”位置，不同地块因为肥沃程度、地理位置等差别而存在异质

性;而确权不确地是指分到农户的农地只有确定的面积或者份额,但是农地位置的“四至”并不确定,因为分给农户的农地没有对应的实体。在该确权方式下,因为农地没有明确位置,农户获得由集体资产、资源等量化计算出的股份,通过拥有的股份获得相应收益。另外,确权不确地的方式给农户带来未来收益的不确定性较大,在确权时更容易遇到阻力,确权的执行成本更高。

对于农地的两种确权方式,我国政策做出了明确规定,2014 年中央一号文件指出,“可以确权确地,也可以确权确股不确地”。尽管如此,根据我国确权政策,各地在进行确权时确权确地和确权不确地并非可自由选择,而是将确权确地作为基本原则,确权不确地只是特例。比如在《关于引导农村土地交易权有序流转发展农业适度规模经营的意见》中也提出应该以确权确地登记为主要原则,但是,在尊重农民意愿的前提下,也可以采取确权确股不确地的形式。另外,2015 年农业部等部门联合发布的《关于认真做好农村土地承包经营权确权登记颁证工作的意见》中指出“总体上要确地到户,从严掌握确权不确地的范围”。

对于确权不确地方式的采用,我国在政策制定上是谨慎的,由省级政府相关职能部门做出具体规定,要求严格限制使用范围、明确条件,并规范其程序。目前我国主要是在经济发达地区、城市近郊区,对于已经实行土地股份合作、一直坚持集体经营的村组,或者纳入城市发展规划、土地很少且地界早已打乱的村组等,可以在尊重农民意愿的前提下,适度实施确权确股不确地。我国许多地区就确权不确地的适用性做出了具体规定,比如安徽省规定采用确权确股不确地的确权方式必须符合 4 个条件,即家庭人均承包面积比较少、原承包地“四至”不清、土地整治及农地连片流转。总之,我国的农地确权以确权确地为主要方式,以确权不确地为补充方式。

(2)确权方式、产权与交易费用。

我国中央开展农地确权工作,其主要目的是将农户的农地承包经营权进一步明确和落实,保护农户的农地权益,因此在制定确权政策时政府一再强调应该以确权确地为主。然而，在实际确权过程中许多地区还是采取了确权不确地的方式，产生这一现状的原因有两方面：一方面是因为确权不确地方式具有产权上低成本安排的优势，可以有效降低农地流转市场的交易成本；另一方面是因为确权不确地方式可以暂时化解或缓和确权过程中的矛盾，降低确权成本。

我国农地流转市场中高昂的交易费用向来被认为是农地流转不畅的主要原因之一。由于农地的异质性和地理位置的不可移动性，我国农地流转市场在解决细碎化问题方面显得力不从心，而政府自上而下组织的农地流转又时常发生侵犯农户利益的事件，于是，农户自下而上探索出来的确权不确地制度便作为一种制度的创新在许多地方应运而生。因为在该确权方式下，农地并没有对应的实体，只代表一种收益权，这样一来，一方面，整合农地资源连片流转的谈判成本被大幅降低了；另一方面，在农地流转合约存续期间，由于农户的退出威胁而造成潜在"敲竹杠"的机会也大幅减少了，并降低了事后的不适应成本。

另外，确权不确地方式通常作为降低确权费用和突破确权困境的现实选择。我国在实施确权的过程中，阻碍重重，这主要源于我国农地固有的历史纠纷、农地的成员权性质和稳定性之间的制度冲突等，除此之外，有的农地因为大规模统一流转或者统一开发已经无法准确界定"四至"或者界定成本过高从而导致确权困难。那么，对于后一种确权困境，确权不确地方式便能有效化解，有利于确权工作的顺利开展。例如，张雷等(2015)认为，农地的实测面积不准、"四至"不清、人均耕地面积少，以及对现有农地规模种植造成再次破碎化风险等原因可能会使对农地空间位置的界定高于其收益，同时城镇化的不断发展导致农户对农地的依赖程度在不断下降，进而为确权确股不确地的政策提供了经济基础。

当然，确权不确地方式也有不可忽视的缺点。对于确权不确地方式而言，农地承包经营权属于收益权，虽然有确定的股份，但是又不能和股票一样自由地卖出买入，因此，该权利是一种受限的收益权。不仅如此，在该确权方式下，由于将实际的农地承包权转化成了虚拟的收益权，农地的社会保障功能几乎不复存在了，主要只剩下经济功能，因此，对于那些对农地依赖程度较高的农户而言，不能贸然采用确权不确地方式，采用该方式需要严格的外部条件，比如应该结合当地的经济发展水平、城镇化率、农户的兼业水平等综合考察。各个地区应根据各自的具体情况，因地制宜地限定实行确权不确地的范围。

3.3 农地流转理论

本部分主要介绍农地流转的相关基本理论。主要内容包括：一是农地流转的广义和狭义内涵。二是农地流转模式的类型。其分类标准众多，如按照流转形式可分为转包、出租、互换等；按照流转对象可分为农户—农户、农户—企业、农户—合作社等农地流转模式；按照流转的组织方式可分为内生性和外生性的农地流转模式；按照流转的合约形式可分为空合约、口头合约和书面合约。三是农地流转效应，其中包括农地流转对农户和对农业生产要素报酬的影响。

3.3.1 农地流转的界定

农地流转的含义有广义和狭义之分。广义的农地流转是指农地的权利束中任何权能的变更，包括出售、互换、转租、转包、抵押和入股等形式。鉴于我国目前的农地制度是农地所有权归集体，农户只享有农地的承包经营权，因此本书的讨论只限于狭义的农地流转。狭义的农地流转是指仅限于农地承包经营权的流转，即村集体仍然作为农地的所有者，农户仍然作为农地的承包者，在此基础上，农地的经营权从承包权和所有权中分离出来，让渡给别的农户或其他市场主体从事农业生产活动，即农地的用途仍然限定在农业范围。

农地流转是农业经济发展到一定阶段的必然产物。首先，农地流转，有利于实现基于规模化和集约化经营的现代化农业，并符合目前我国农村改革的基本方向。其次，农地流转，使那些主要劳动力已经转移到非农部门，而因为其他原因耕种确实有困难的农户也能及时以此方式实现其农地收益。不仅如此，农地流转又能让想扩大经营的农户或者企业、合作社能及时获得农地资源，搜寻到有农地流转意向的对象，既可避免耕地抛荒，又能获得更多的流转收益。尽管如此，在土地流转实践中，既要加大政策扶持力度、鼓励创新农业经营体制和农业集体经济形式，又要因地制宜、循序渐进，并且实行严格的农地用途管制，严禁租赁农地"非农化"以及租赁耕地"非粮化"，严守我国耕地红线，确保粮食安全。

3.3.2 农地流转模式

目前对于农地流转模式有不同的分类标准：第一，基于流转的形式，农地流转可分为互换、转包、出租、转让、入股等，其中，互换是指村集体内部的成员为耕作的方便等需要对各自的农地进行交换；转包是指农户把自己承包期内承包的农地，在一定期限内全部或者部分转交给本村集体内部的其他农户耕种和经营；出租是指农户将农地租给集体外的大户或企业等，出租的期限和租金等由双方自主约定；转让是指承包方有稳定的非农职业或收入来源，经由承包方的申请，并获得发包方同意，将土地承包经营权转让给其他从事农业生产经营的农户；入股是指在坚持农户自愿的基础上，将农地承包经营权作价入股，建立股份公司，从事农业合作经营。第二，基于流转对象，农地流转可分为农户－农户、农户－企业和农户－合作社等，其中农户－农户的流转模式主要是基于血缘、亲缘和地缘关系形成的流转市场，因此该模式不能称为纯粹的市场交易。该流转模式具有以下特征：含有更多的人情成分、转出户和转入户之间信息较透明、信誉等非正式规范在自我履约过程中起着举足轻重的作用、租金率的形成不是严格由供求规律决定等。而农户－企业和农户－合作社流转模式的市场化程度则相对较高，该流转模式的特征包括流转对象多为陌生的市场主体、租金率的形成也基本由市场供求决定、农地的转出方和转入方的信息不透明等。第三，基于组织方式不同，农地流转可分为内生性农地流转和外生性农地流转，其中内生性农地流转是指由村集体内部成员自发形成的农地流转,外生性农地流转是指由村集体、上一级政府或者第三方机构组织的农地流转(陈英,2014)。第四,基于不同合约形式,农地流转可以分为口头农地流转、书面合约农地流转以及空合约农地流转,其中,空合约是一种双方达成交易的口头合约,但是其内容不仅没有任何文字上的表达,而且也不存在任何的语言意思表达(罗必良,2017)。

3.3.3 农地流转效应

(1)流转主体。

农地被赋予流转权以后,农户在更大范围里实现了农地承包经营权的经济功能,农地做到物尽其用的同时,也提高了农户的农地经济收益。一般来说,对于转出户而言,收入效应主要来源于非农收入的增加,而对于转入户而言,收入效应主要来源于农业生产的收入增加。如林乐芬和金媛(2012)基于福利经济学的角度认为,农地流转同时有助于农地转入户和转出户的福利水平。游和远(2013)也基于福利理论分析了农地流转对转出户的影响,结果表明,农地流转可以增加农户的收入,而对其健康和保障改善未发现正面效应。不仅如此,农地流转效应对农户带来的福利水平的提高存在差异,如陈飞和翟伟娟(2015)的研究结果表明,农地转出和转入都有利于增加农民的收入,并降低贫困发生率,但是,教育水平越高的农户,其福利效应越大。农地流转对农户影响不仅仅停留在短期的福利水平上,而且会产生显著的长期影响。曾福生和夏玉莲(2014)认为,农地流转会激励农村劳动力转移和农民兼业化,有利于提高农民的技术水平和文化水平,并在长期提高农民的经营水平。但是,农地流转在提高农民福利和农民技术、经营水平的同时也带来了一些新问题。比如农地租入和租出虽然均有利于提高农民收入,但是也会加剧农户收入分配的不平等(朱建军和胡继连,2015;Kimura et al.,2011)。

(2)生产要素。

农地流转使得农地经营权能够在更大的范围里以更多的方式被利用,优化了资源配置,即提高了既定资源的产出水平,因此能够提高生产要素的报酬率。例如，与分散的家庭式经营模式相比，通过流转进行规模化、集约化的现代化农业经营，不仅可以获得规模经济，而且可以使用先进的生产方式和管理模式，从而提高农地的产量，即提高了生产要素的回报率。石晓平(2004)的研究发现，外出务工农户通过将土地租赁给其他农户，不仅改善了农地资源的配置效率，促进了农业生产的发展，而且使无法外出务工的农户扩大了土地经营规模。张建、诸培新和王敏(2016)认为，农地转入有利于提高土地生产效率，并且，相较于农户自发的农地流转，村集体组织的农地流转对农地生产效率的提升作用更大。当然，农地流转效应是存在差异的，有研究表明，农地流转效果的发挥依赖于农地流转市场的发育程度，比如在农地流转市场化程度较高的浙江，农地流转明显提高了土地生产率，而农地流转市场化程度较低的甘肃，农地流转效应不明显。除此之外，农地流转对农户农业经营投资、生活消费支出和家庭纯收入具有显著影响(李成友等，2014)。

3.4　禀赋效应

本部分主要就本书涉及的禀赋效应的相关背景知识进行介绍，其中主要包括以下内容：“禀赋效应”一词的提出及其含义；禀赋效应形成的心理机制，包括规避风险视角和查询账户视角；影响禀赋效应的主要因素，包括交易主体的动机、交易客体的特征，以及交易价格的不确定性等。

3.4.1　禀赋效应的界定

2017年的经济学诺奖得主 Thaler(1980)首次用损失规避来解释禀赋效应。他指出，卖者认为失去物品是损失，得到金钱是收益，而买者认为得到物品是收益，失去金钱是损失。但是，与得到等量收益相比，人们往往对损失的心理感受更加强烈，因此双方为了降低损失带来的痛苦感，卖方倾向于提高卖价，而买方则倾向于降低买价，即为个人的禀赋效应。简单地说，所谓禀赋效应，就是当你拥有一件物品之后，你对这件物品的评价会高于你没有拥有它时。Radin(1982)指出,如果一件物品损失造成的痛苦不能通过其他的替代产品而得到缓解,那么该物品就具有人格化特征,具有人格化特征的物品与可替代物品相比,具有更强的禀赋效应。另外,Knetsch & Sinden et al.(1984)关于禀赋效应做了早期的实验:一组被实验者获得一张彩票,另一组获得 2 美元。一段时间过后,每个被实验者都有机会把自己的彩票换成美元,抑或把美元换成彩票,结果发现很少有人愿意交换,这说明禀赋效应是普遍存在的。

3.4.2 禀赋效应的心理形成机制

(1)损失规避视角。

基于损失规避心理而产生的禀赋效应,自从 1980 年被 Thaler 提出以来,一直是理论界用以解释禀赋效应的主流观点。在此基础上,Strahilevitz & Loewensein(1998)进一步考虑了时间的因素,利用价值函数描述参照点转换理论对禀赋效应进行解释,更好地解释了长时禀赋效应。而我国学者刘欢等(2009)则从得失程数的角度解释损失规避,该观点认为"得到"是"单程",是从无到有,而"失去"是双程,是先"从无到有",再"从有到无",所以后者的心理感受更加强烈,基于规避损失的心理,因此,个人对已经拥有的物品估价更高。

(2)查询理论视角。

该理论基于记忆的视角认为人们在对特定物品进行估价时是提取记忆的过程,当人们拥有某件物品时他对该物品估价考虑的问题和改变回忆这些问题的顺序会发生变化,而这些问题与其对这一物品的估价密切相关,并且改变查询顺序会消除禀赋效应。

3.4.3 禀赋效应的影响因素

(1)主体的动机。

个体对特定物品的估价和动机密切相关。根据调节性匹配理论(regulatory fit theory),对于预防定向的个体而言,警惕性的决策策略经常被采用以避免行动带来的损失,因此通常偏向于不愿交易已经拥有的物品,而对于促进定向的个体而言,渴望—接近的决策策略经常被采用,以期获得收益,因此通常更愿意改变现状,从而不易产生明显的禀赋效应(Higgins,2002)。在市场交易中,如果买方或者卖方有较强的交易需求,则分别被称为卖方市场或买方市场,那么,该方就会采取渴望—接近的策略,其禀赋效应就会比较小,从而交易的可能性增加。如果买卖双方都有较强的交易动机,则卖方会降低估价,买方会提高估价,因此双方的交易集便会扩大,交易的可能性增加。

(2)产品的特性。

虽然在心理学和行为学等领域,许多学者的实验证明禀赋效应在交易过程中是普遍存在的,但禀赋效应大小在不同产品间有差别。例如,Horowitz & McConnell(2002)的研究结果表明,禀赋效应从大到小依次为非市场化的商品、私人商品和某种形态的货币。另外,物品的可替代性越低,对于已经拥有物品的个体而言,其交换意愿越低,因此,其保留价格便越高,禀赋效应也越大(Hanemann,1991)。

(3)价格的不确定性。

基于损失规避心理,价格的不确定性会显著影响禀赋效应,这是因为个体通常在不确定的情景下更易于体验损失规避。如 Dijk et al.(1996)进行了一组关于禀赋效应的实验,将被实验者分成卖者和买者两组,其中一半被实验者知道物品的价格,另一半被实验者不知道物品的价格,买卖者之间再进行自由交易,结果显示,在已知价格组中几乎未发现禀赋效应,但是在未知价格组中却发现了明显的禀赋效应。在自由市场上,卖方通常知道自己的成本价,而买方对对方的成本并不知悉,如果买方对该物品的估价低于卖方的成本价和预期利润之和,那么交易就无法实现,而两者越接近,交易集就越广泛。因此有的商家会采用不还价策略,即将自己的底价透露给对方,这样可以把估价“过低”的客户直接剔出市场,节约谈判成本,提高交易的成交率。除此之外,影响禀赋效应的因素还包括个体认知、情绪等。

3.5 小 结

从以上分析可得出如下结论:首先,产权制度决定了交易费用的大小,而交易费用决定了经济绩效和经济增长,相应地,农地产权制度决定了农地流转市场的交易费用,而农地流转市场的交易费用决定了农业经济绩效和农业增长;其次,通过对农地确权内涵的分析可以看出确权制度可以进一步明确和明晰农地的产权结构,而且对于不同的确权方式,其产权含义具有明显差异,即农户对于确权确地的农地有更完整的农地权能,而对确权不确地的农地只拥有收益权。因此,不同确权方式对交易费用的影响也存在差异,即确权不确地在降低搜寻信息、谈判成本和执行成本方面比确权确地的作用更大;再次,在分析农地流转含义的基础上探讨了农地流转模式的分类以及农地流转效应;最后,对于本书研究框架中涉及的禀赋效应的基础理论进行了介绍,其中,对禀赋效应心理形成机制的分析包括损失规避视角和查询理论视角,而影响禀赋效应大小的主要因素包括主体的动机、产品的特性和价格的不确定性。具体而言,主体的交易动机越强,禀赋效应越弱;产品的可替代性越强,禀赋效应越弱;价格的不确定性越小,禀赋效应越弱。

4 农地产权制度和农地流转:政策演进与实践探索

只有在实践的沃土中才能让理论之花盛开。为了深刻地剖析确权和农地流转之间的关系,在对其进行理论分析之前,有必要对我国农地产权和农地流转的政策演进和实践探索过程进行梳理,具体而言,该部分主要基于制度变迁的角度,从正式制度和非正式制度的相互"磨合"中探析制度变迁的主要逻辑。

也为后面的理论分析提供历史依据。

4.1 农地产权制度的政策演进与实践探索

我国农地产权制度的变迁史是一个正式规则和非正式规则交织演进的过程,是由农户、村集体、地方各级政府和中央等各制度主体之间相互博弈的过程,其基本特征是保持产权制度实质上的稳定性、延续性以及产权制度形式上的多样性、弹性(王敬尧,2016)。North(1990)在《制度、制度变迁和经济绩效》一书中指出,在通常情况下制度框架总体上具有稳定性,制度变迁一般是来源于相对价格的变化(如要素价格、信息价格以及技术变化等),而报酬递增和基于交易费用的不完全市场则形塑了制度变迁的路径,即如果现存的制度约束可以创造一种新的均衡,实现报酬递增,则可能引致渐进性的制度变迁。Peter J. Boettke et al.(2008)基于制度变迁的路径依赖性以及文化、环境等因素对制度变迁的影响,提出了"制度黏性"一词。因此,基于制度的稳定性和延续性,为了更好地理解我国现行的农地确权制度,应首先了解我国农地产权制度的历史沿革。这样,不仅有利于了解农地承包经营权确权的历史意义和历史必然性,还为农地确权和农地流转之间的关系提供了一定的历史依据。总体而言,我国的农地制度发展大致可分为三个阶段。

4.1.1 农民所有制阶段(1949—1952年)

制度是有“黏性”的,但是制度的“黏性”会因为某些极端事件而被稀释,从而降低制度变迁的转型成本。就该阶段而言,促成农地制度变革的外部事件是中华人民共和国的成立。解放战争之后,大部分已经解放的地区都废除了封建土地制度。为了将土地改革进行得更加彻底,1950年6月中共中央举行第七届三中全会,针对在全国范围内推广土地改革的相关事宜进行了讨论,并颁布了《中华人民共和国土地改革法》(以下简称《土地改革法》),该法规确定了我国土地改革的法律地位。在《土地改革法》中明确指出:“要坚决彻底废除封建时代的土地地主阶级剥削制度,在全国范围内推行土地所有制制度,同时大力发展农业生产,为我国经济发展奠定基础。”因此《土地改革法》也是我国实施土地改革的标志和开端。按照当时的统计数据,在《土地改革法》实施之后,国家将包括七亿多亩土地在内的生产资本无偿地分配给三亿多没有土地或者只有少量土地的农民。

1952年年底,除了我国西藏自治区在内的部分少数民族地区之外,土地改革制度已经基本上完成,至此我国的土地制度改革进入了一个新的阶段,也就是从之前的土地经营权和所有权相分离的封建租赁经营阶段,改革为土地经营权和所有权相统一的农村家庭经营模式阶段,即土地改革之前农地的所有权归地主所有、经营权归农民,而改革后农地的所有权和处置权归农民。因此,农民拥有的土地产权权能发生了巨大变化,具体体现在以下几个方面:第一,农民成了土地资本的主人,土地所有权归农民所有。第二,土地产权逐渐具有了一定的流动性,农民针对土地的典当、出租以及买卖等均可以自由进行。第三,政府部门对土地所有者颁发相应的证书,即证明了农民土地权能的合法性。总体而言,这次土地改革比较成功,土地产权的私有化提高了农地地权的排他性,明确了农地产权边界,使农户能够以较低的成本进行农地的持有、获得、保护和转让等。更重要的是,对产权的完整界定减少了市场交易的不确定性,进而提高了对资源的有效配置与使用(Demsetz,1967)。

4.1.2 集体所有、统一经营阶段(1953—1978年)

(1)农业合作化时期的土地制度(1953—1956年)。

①互助组与初级农业生产合作社阶段。

意识形态作为一种非正式制度在制度环境和路径依赖方面都会对制度的固化和变迁起着重要作用。在该阶段,就意识形态而言,主要是为了实现社会主义的价值目标。除此之外,土地改革之后暴露出很多新的问题,如由于个体农户力量单薄对农业生产工具和基础设施投入不足、出现两极分化的倾向等。为了适应我国当时的意识形态以及经济、政治发展战略,也为了解决出现的新问题,1953年12月中共中央颁布实施了《关于发展农业生产合作的决议》,其中对于我国当时农村地区开展的互助合作形式进行了分析,具体包括以下三种形式:第一,临时的劳动互助组。在农业农忙时部分农民自发组织的具有季节性、简单的劳动互助形式。第二,初级农业生产合作社形式。在这种形式下,农民的生产资料全部加入合作社中,通过农民的集体劳动最后平均分配劳动成果。第三,长期性的劳动互助组。这种互助组除了具有临时性互助组的特点之外,具体的互助行为还可以向外延伸,包括农民的副业以及水利建设方面等,且这种互助组的规模通常比较大。

按照中共中央的要求,1952年我国互助组以及加入农户的数量分别增加到大约802万个以及2 530万户。1955年实施的《农村生产合作社示范章程草案》对初级合作社的性质做了进一步的解释说明,指出初级合作社的性质是半社会主义性质,合作社只具有部分的公有生产资料,而社员对农地和其他生产资料的所有权得到了保留。该时期的主要特点是:农地的所有权归农民,但农地必须交给初级社集中经营,农户根据农地股份进行分红。农民互助组的建立在很大程度上对于农业生产中的农具、牲畜以及劳动力方面存在的短缺问题都有重要的缓解作用，避免了劳动资料分配不均匀的状况，对于整体劳动生产力以及产品质量的提升有重要意义。因此，初级合作社直接对我国土地制度的改革起到了推动作用，加速了土地“个体私有家庭经营”向着“集体所有共同经营”的方向发展，在保留土地所有权的情况下修正土地制度，一定程度上解决了农业生产中的困难，提高了农户收入。

②高级农业生产合作社阶段。

随着主流意识形态的改变，制度环境开始有了急剧的变化，如当时的“左”倾思想、加速实现共产主义的愿望等成为主流思想。在该意识形态的主导下，随着农业互助合作运动的进行，一些地区出现了急功近利的做法，即不顾实际情况强迫发展。对此，1953 年 3 月中共中央先后发出了《关于缩减农业增产和互助合作五年计划的指示》《关于春耕生产给各级党委的指示》以及《中共中央关于农业生产互助合作的决议》，以期能够纠正这种激进的风气。1953 年 4 月 3 日中共中央又部署召开了第一次全国农村工作会议，其中指出要进一步推进农业互助合作运动。1956 年 1 月中央政治局提出《1956 年到 1967 年全国农业发展纲要(草案)》，该草案提出到本年年底全国基本实现初级合作化的目标，并于 1958 年基本完成农业的高级合作化。不仅如此，该草案虽然指出初级社的升级应以社员的自愿合作为前提，但同时又提到“如果不升级为高级社就将妨碍生产力的发展”。因此，在此号召和氛围下，全国上下掀起了“普及初级农业生产合作，实现半社会主义合作化”的浪潮。截至 1958 年年底，高级农业生产合作社的农户规模约有 1.2 亿农户，仅剩大约 1%的农户尚游离于高级社之外。

从产权安排的角度看，与初级农业生产合作社相比，高级农业生产合作社在劳动成果分配原则、劳动组织形式以及生产资本的所有形式方面都有明显的不同，具体体现在以下几个方面:第一，高级农业生产合作社的生产队属于集体劳动，这是基本的劳动组织形式。第二，在高级农业合作社中以合作社为基本单位进行有计划的生产，生产的劳动成果以及生产资料等归高级农业生产合作社所有。第三,向农民分配劳动成果时遵循按劳分配和按需分配相结合的原则,采用按需分配的原则处理扩大生产需求资金的问题,采用按劳分配的原则处理农民个人消费资金的问题。高级农业生产合作社表现出来的上述特征,当时促进了社会主义公有制经济的发展,劳动群众共同占有生产资料。我国1954年实施的《中华人民共和国宪法》中明确规定:“为了满足公众利益的需求,国家可以按照法律规定的条件回收或是征购包括城乡土地在内的生产资料。”这种规章制度实际上是对生产资料公有制的强制实施,个体所有制无形中被取缔,这在很大程度上限制了农民在土地方面享有的私有权利,即大大弱化了农民的农地权能。1956年6月30日,中央发布《高级农业生产合作社示范章程》,其中指出“社员私有的主要生产资料转为合作社集体所有,组织集体劳动”,并且要求“各尽所能,按劳取酬”。但是根据交易费用理论,要求各尽所能的制度安排会带来巨额的监督费用,而按劳取酬则导致劳动成果的度量成本太高。因此,巨大的交易费用导致了较低的经济绩效。除此之外,一些包括牲畜在内的大型生产资料直接转给高级农业生产合作社,而没有给农民任何补偿,损害了农民的切身利益,打击和降低了农民参与农业生产的积极性。

(2)人民公社时期的土地制度(1957—1978年)。

截止到1956年我国在社会主义改造方面取得了阶段性的胜利,社会主义经济制度的优势推动我国全面进入社会主义初级阶段。此时,党中央把如何缩小我国与西方发达国家的差距作为一项重要的任务,建设社会主义现代化国家也被提上了日程。1958年4月我国实施了《中共中央关于把小型的农业合作社适当地合并为大社的意见》。1958年8月颁布了《关于在农村建立人民公社问题的决议》,意见的颁布和实施对于我国当时的生产形式和经济发展产生了巨大的影响。在之后短短一个月的时间内,我国建立了23 385个人民公社,有1 120万农户加入人民公社,占当时农户总数的90%,每个人民公社拥有的农户接近5 000户。在规模方面人民公社有了很大的提升,公社化在全国范围内已经初步形成,并且表现出“一大、二公、三拉平”的特点,其中的“一大”是指小公社并入大公社中,很多地方都实行一县一社或者是一区一社的情况。“二公”是指农民的生活资料以及生产资料等归公家所有,在实际的生产过程中由公社对这部分生产、生活资料直接进行调动分配。“三拉平”是指严格否定个体之间的差异,在衣食住行以及婚丧嫁娶方面结合当时的物价因素等,由公社每年按照个人的实际情况分配,个人按照分配的比例结合自身所需实际进行领取。在这种制度安排下,对农户劳动效率的监督成本和成果的核算成本等都大大增加,不仅如此,农民的报酬和其产出无关,违背了产权激励理论,不利于激励农地产出,在此情形下,往往只能诉诸“忠诚”“奉献精神”等非正式规则来约束劳动者的行为,以降低监督成本,但总体而言,这样的产权制度不利于调动劳动者的积极性,从而导致了经济活动的低效性。

为了纠正“一大、二公、三拉平”带来的农业生产率低下的问题,1960年11月中共中央专门颁布实施了《关于农村人民公社当前政策问题的紧急指示信》,指示信中提出人民公社是以生产队为基础,在上级所有的情况下允许社员经营小规模的家庭副业和部分自留地等。“文化大革命”期间指出家庭副业以及部分自留地的经营属于资本主义性质,应该取消这种制度。另外,后期的人民公社化运动和“大跃进”等对于农民的根本利益以及我国的经济建设都带来了不同程度的损害,具体体现为从1959年到1966年间的粮食减产,且减产数量高达几千万吨。粮食的减产在全国范围内造成饥荒,我国的人口数量也随之下降。

综上所述,从产权经济学的角度看,在该阶段的农地制度下,国家提取了农业劳动成果的主要剩余,而农民得到的剩余却很有限,这与产权结构的有效分配原则是背道而驰的。Alchain & Demsetz(1972)在《生产、信息费用与经济组织》一文中指出,对于专门化和复杂程度较高的工作,其监督成本也较高,因此产权结构的分配很重要。一般而言,为了避免这种高昂的监督成本,产权的剩余索取权应该分配给决定其收益的一方,才能在降低监督费用的同时取得较好的激励效果(Oliver Hart,1989)。然而,我国当时的做法却正好相反,因此,该时期农民普遍存在“磨洋工”“混公分”的现象,导致该时期我国农业生产效率低下以及农业资源的巨大浪费。

4.1.3　家庭承包经营阶段(自1979年至今)

根据制度变迁理论,大多数的制度变革是基层实践需要和顶层设计偏好相契合的结果。就该阶段的农地制度变迁而言,一方面,从制度供给的角度看,“改革开放”是国家的顶层设计。在改革开放的号召下,我国以经济建设为核心思想,提出“发展才是硬道理”“解放思想、实事求是”等口号,因此,主流意识形态的变化为农地制度的深化改革和法制化进程奠定了重要基础。另一方面,从制度需求的角度看,基层农民受生存压力的胁迫亟须提高家庭收入。以上两个方面的契合有效稀释了制度的“黏性”,降低了制度变迁的转型成本,大大提高了制度创新的可能性。

(1)过渡和发展期(1979—1992年)。

从新制度经济学的角度看,制度变迁的过程是正式规则和非正式规则不断博弈的过程,而当制度变迁获得的收益大于制度变迁的成本时,新的制度就有可能实现。我国“文化大革命”结束后,在一段时期内农业生产始终徘徊不前。在这种背景下,1978年11月24日,安徽省凤阳县小岗村18位农民秘密签下“生死状”,决定包产到户。该协议本质上是对农地产权结构的重新安排,即农民的农地权能增强了,不仅如此,而且将农户的报酬与其付出的劳动直接挂钩,即实现“多劳多得”,因此这一创举也符合产权激励原则。但这期间社会各界对于要不要实行包产到户仍存在争议,直到1980年5月31日,邓小平公开肯定了小岗村敢为人先的做法,争议才尘埃落定。1982年1月1日,中共中央以一号文件的形式转发了《全国农村工作会议纪要》,正式肯定了农地的家庭承包经营制度,结束了包产到户长达30年的争论。由此可见,有些正式制度正是脱胎于非正式制度,非正式制度以自愿性、渗透性为特点成为正式制度变迁的重要基础(王敬尧,2016)。

从产权经济学的角度看,家庭联产承包责任制是在保留了社会主义公有制前提下实行的包产到户,它在不改变农地集体所有的前提下,将人民公社制度下低效率的集体经营转变为家庭经营。这样一种分离土地所有权和承包经营权的方式强化了农户对农地的产权强度,即产权的私有化程度提高,极大地降低了“大锅饭”时期农业生产的监督成本和对劳动成果的度量成本。不仅如此,而且这种产权安排使农地产出的剩余索取权归决定其收益的一方即农户所有,农户的劳动成果与收入直接挂钩,符合产权安排的激励原则。因此,在此后很长一段时间内,理论界掀起了关注农地经营效率的热潮,大量文献的研究结果证明,改革开放后家庭承包责任制极大地调动了农民种田的主动性,激励了农民对农地的人力、物力投资,因此显著提高了农业经济绩效(林毅夫,1994;Mcmillan et al,1989;乔榛等,2006;冀县卿等,2010)。

虽然制度变迁短期的、具体的路径是不可预测的、偶然的,但是长期的、总的方向却是可预见的,且具有历史必然性。1984 年中央一号文件《关于一九八四年农村工作的通知》(以下简称《通知》)要求:“继续稳定和完善联产承包责任制。”除此之外,《通知》还规定土地承包期至少应在 15 年以上,而且在承包期延长之前允许对土地进行“大稳定、小调整”。1984 年后由于粮食减产,农业生产长达 4 年徘徊不前,给粮食供求造成很大缺口。一部分人将农业的减产归结为家庭联产承包责任制的实行,认为包干到户不利于农业发展,甚至要求取消家庭联产承包责任制。面对这种情况,1986 年 4 月第六届全国人民代表大会第四次会议通过的《中华人民共和国民法通则》肯定了农民的承包经营权:“农村集体经济组织的成员,在法律允许的范围内,按照承包合同规定从事商品的经营为农村承包经营户。”第二十八条规定:“农村承包经营户的合法权益受法律保护。”1986 年 6 月 25 日,全国人大常委会十六次会议又通过《土地管理法》规定:“集体所有的土地、全民所有制单位、集体所有制单位使用的国有土地,可以由集体或者个人承包经营,从事农、林、牧、渔业生产。”这样,农户的农地承包经营权逐步以法律的形式确定下来,增强了农地的产权安全性,激励了农民对农地进行投资,并提高了农业生产效率,但农地承包经营权还不是太稳定,因为农地承包权有期限约束,而并非长久不变。

(2)稳定和深化期(1993—2007 年)。

随着改革开放的推进,我国经济、政治环境都得到了改善,在此制度环境下,家庭承包联产责任制得以巩固,并不断地得以规范化、法制化。1993 年,土地 15 年的承包期即将到期,关于是否应该继续坚持家庭联产承包责任制的争议也很激烈。如果政策不明确,则农民必定会对自己拥有土地的权利心存顾虑,因此为了增加农民对自己农地的稳定性感知,该年 3 月,我国颁布了《中华人民共和国宪法修正案》,正式确定了家庭联产承包责任制的法律地位。不仅如此,1993 年 11 月,中央十一号文件《关于当前农业和农村经济发展的若干政策措施》规定,原有的耕地承包期到期之后再延长 30 年不变。同时为了避免耕地越来越细化,提倡在承包期内"增人不增地,减人不减地"的做法。这次承包期限的延长是对家庭联产承包责任制的再一次肯定,说明中央政府试图使农地的权利更稳定地赋予农户,提高了农地的私有化程度和农地经营权的稳定性。不仅如此,1998 年《土地管理法》进一步将 30 年的承包期上升到法律的层面。

1999 年颁布的《中华人民共和国宪法修正案》中,将家庭联产承包为主的土地承包责任制转变为农村集体经济组织,实行家庭承包经营以及统分结合的管理经营体制,这种转变将我国的基本土地经营制度第一次在宪法中正式地确立下来。双层经营体制主要包括了两个经营层次,即集体统一经营和家庭分散经营。其中,集体统一经营是指对不具有生产经营能力的农户进行组织管理,而家庭分散经营是指把土地的经营权分散到农户,但土地的所有权还是归集体所有。分散的经营方式比较符合当时我国农业的基本情况,比如农业人口占比较大、城镇化率较低等,而统一的经营管理又弥补了前者带来的不足,如农业生产资料和基础设施方面的投入不足等。通过双层经营责任制的实施,对集体利益以及个人利益进行了适当协调,在总结了之前土地改革不足的基础上,最终制定了符合我国经济发展状况的经营制度。

(3)完善期(自2008年至今)。

农村土地确权是将农地产权关系进行法律意义上的规范表达,也是把土地的各项权能明确到相关主体的过程,因此,确权对于农村土地制度改革的深化、农民合法权益的维护与保障均具有重要作用。2008年中央一号文件《关于切实加强农业基础建设进一步促进农业发展农民增收的若干意见》明确要求加强对农地承包经营权的管理,不但保证了农村土地承包经营权落实到位,而且推动了土地承包经营权登记制度的建立。2008年10月,中国共产党十七届三中全会发布《中共中央关于推进农村改革发展若干重大问题的决定》,决定指出"健全严格规范的农村土地管理制度",要求"搞好农村土地确权、登记、颁证工作"。2009年我国又出台了《中共中央 国务院关于促进农业稳定发展农民持续增收的若干意见》,其中第一次提出了试点推行土地承包经营权登记,加强了对农地承包经营权的物权方面的保护,对权属登记以及土地的空间位置等进一步做出了具体要求。2011年2月,《关于开展农村土地承包经营权登记试点工作意见》指出,确权工作要围绕"查清地块面积和空间位置,建立健全登记簿,解决承包地块面积不准、'四至'不清、空间位置不明确等问题,把承包地块、面积、合同和权属证书真正落实到户,在相关方面依法赋予农民更有保障的权利"。2011年3月16日,"十二五"规划纲要提出,"推进农村土地确权工作,完善权能,保障与土地密切相关的行为主体农民的权利。自愿有偿和服务完备是两大基本点,促进土地的流转与活动,适度规模经营的发展也是十分必要的",并要求"永久基本农田需要具体划定,以维持其保有量"。2012年我国颁布实施的《中共中央 国务院关于加大统筹城乡发展力度,进一步夯实农业农村发展基础的若干意见》以及《中共中央 国务院关于加快推进农业科技创新持续增强农产品供给保障能力的若干意见》等,这些条文的颁布实施都对承包土地的证书、合同、面积以及承包地块等进行了明确的规定,这对于农村土地承包经营权试点范围的扩展具有重要的推动作用,并进一步明晰和稳定了农地产权关系,丰富了农地产权内涵。

2013 年,《中共中央 国务院关于加快发展现代农业,进一步增强农村发展活力的若干意见》指出,“确权工作需要在全国范围内推展开来。在制度上要加快健全速度,保证质量,在物权保护方面,不仅对耕地进行保护,还要注重对林地的保护”。并以通过 5 年时间基本完成确权工作作为目标,另外,对普遍出现的面积或者边界模糊等问题,要求加紧调查速度,因此,有效地解决了我国诸如土地承包权利不清楚、面积不准确等问题。2014 年《中共中央 国务院关于全面深化农村改革加快推进农业现代化的若干意见》的一号文件,解答了有关农村土地确权的问题。2015 年《中共中央 国务院关于加大改革创新力度加快农业现代化建设的若干意见》的一号文件,进一步推动了土地承包经营权确权登记工作和颁证工作,扩大了土地确权的试点范围,对确权不确地的范围进行严格控制,具体精确到个体农业户方面。以上的政策主线均是围绕农地产权制度的稳定性和明晰性做进一步说明和法律上的确立,说明中央政府确权的决心,也说明中央政府旨在明确农民的农地权利。

2017 年中央一号文件提出深化农村集体产权制度改革,落实农村土地集体所有权、农户承包权、土地经营权“三权分置”。党的十九大报告也再一次强调了巩固和完善农村基本经营制度,深化农村土地制度改革,完善承包地“三权分置”制度。截止到 2017 年年底,全国大部分地区的确权工作基本已接近尾声。

综观我国农地制度的变迁史,不难发现,意识形态在路径依赖和制度环境方面起着重要作用,并最终形塑了制度的固化或变迁。不仅如此,非正式制度在稀释农地制度的“黏性”,摆脱现有制度的路径依赖,最终引致制度变迁方面的作用也至关重要。从产权经济学的角度看,我国农地制度经历了农民所有制阶段和集体所有、统一经营阶段及家庭承包经营阶段。改革开放之后,我国的农地制度在集体所有制大框架保持不变的前提下,农地产权的权利束不断得到明确和强化。

4.2 农地流转的政策演进与实践探索

农地产权制度是农地流转政策及其实践探索的基础。通过上文分析可知,中华人民共和国成立之后,我国的土地政策经历了三次重大的变革。其中第一次重大变革发生在中华人民共和国成立初期,当时全国土地改革取得了重大的胜利。通过这次改革,新中国实现了“耕者有其田”的目标;1956 年开始了第二次土地政策的重大变革,在召开的第一届全国人民代表大会第三次会议中顺利通过了《高级农业生产合作社示范章程》,该章程将土地的农民私有制变成了土地集体所有制度;1978 年开始土地政策有了第三次重大变革,即家庭联产承包责任制实施后,尽管土地所有权还是归集体所有,不过农户拥有土地承包经营权,对于承包的盈利和亏损由农户自行负责,这种经营方式以家庭为基本经营单位。

通过分析我国土地制度的三次重大变革可以发现,在第一次土地变革之后,1950—1956 年,土地所有者对土地有自由买卖的权利,但是在该阶段我国针对土地制度还需要不断地进行完善和改革,以克服个体小农经济的弊端。这一时期的农村土地市场并没有真正地建立起来。通过土地政策的第二次变革才彻底改变了土地所有制,这个时期的集体土地所有制代替了土地私有制,但是农民不具有土地的独立使用权和所有权,缺乏健全的农村土地流转背景,农村土地流转基本上还不存在。土地政策的第三次变革才真正为土地流转制度创造了条件。全国各地逐步开展了农村土地责任承包,与之配套的制度也在不断地完善和健全。为此各个机构和部门都在努力探索适合我国农村土地流转的相关路径和合理制度,因此,农村土地流转制度的出现也是我国农村土地承包经营权不断发展和完善的结果。具体来讲,我国的农地流转市场发展大体经历了四个阶段。

4.2.1 严格限制交易阶段(1978—1983 年)

“摸着石头过河”是我国改革开放初期土地流转的基本方针,由于没有现成的经验可借鉴,对于土地流转制度的探索相对也比较谨慎。中共中央为了进一步强化集体经济的发展,1980 年 9 月颁布了《关于进一步加强和完善农业生产责任制的几个问题》,主要提出我国农村经济的基础在于集体制,同时也在一定程度上对责任联产承包制给予了一定的支持,对"包产到户"这一举措持肯定态度。随着时间的不断推移,越来越多的省份开始实施"包干到户""包产到户",并在发展过程中取得了不错的成绩。家庭联产承包责任制是建立在原有社会公有制的基础上,将集体承包进一步细化为家庭承包。农户以承担一定的产量作为责任,剩余的劳动产品才归自己,这显然符合产权的效率分配原则,即承包经营权应该归决定其产量的一方所有,因此,在这一制度安排下,农地的经营权和收益权比以前更加明晰,即明确到每家每户,比如承包合约中的条款本身就能使农地产权的界定进一步清晰,比如合同中对收益分配问题的规定。这一方式的转变彻底告别了"大锅饭"时代,相对合理的产权结构也将人民的劳动积极性激发了出来。

在这种形势下,中共中央对家庭承包责任制给予充分肯定的同时,1982 年以中共中央一号文件的形式发布了《全国农村工作会议纪要》,其中明确指出:"社员承包的土地,不准买卖,不准出租,不准转化,不准荒废,否则集体有权收回。"不仅如此,《中华人民共和国宪法》(1982 年)同样对农地流转做了进一步规定:"任何组织或者个人不得侵占、买卖、出租或以其他形式非法转让土地。"

4.2.2　接受与鼓励流转阶段(1984—1993 年)

一方面,从制度供给角度来看,家庭联产承包责任制建立后,中共中央对粮食流通领域逐步开放,并于 1985 年取消了粮食统购政策。为进一步增强市场对粮食市场的调节能力,中央通过合同定购方式取代了以前的指令性收购计划。然而,正是由于取消了强制性的粮食收购要求,并且土地使用权又存在一定的不确定性,因此,农民对于农地的投资热情骤然下降,相应地,1985 年的粮食产量比上年同期减少了约 282 亿公斤,家庭联产承包责任制也开始不断地受到各方面的质疑。

另一方面,从制度需求角度来看,1980 年年底工业逐渐兴盛,原有的集体工业(后来的乡镇企业)逐渐开始发展起来,农村劳动力不再仅集中于农业生产部门,还逐渐开始向第二产业转移。随着经济的不断发展,工业部门需要的劳动力也越来越多,农村剩余劳动力也逐渐转移过来,除农忙季节外,大部分劳动力开始外出打工。在这一形势下,有一些农民开始放弃土地种植,对农地的转出需求与日俱增。于是,土地流转政策的硬性规定逐渐成为经济发展的阻碍,政府也逐渐意识到这一问题带来的影响,开始逐渐向宽松的土地流转政策过渡。

1984 年 1 月 1 日中共中央颁布了《关于一九八四年农村工作的通知》,该通知明确规定"鼓励土地逐步向种田能手集中。社员在承包期内,因无力耕种或转营他业而要求不包或少包土地的,可以将土地交给集体统一安排,也可以经集体同意,由社员自找对象协商转包"。1986 年,我国进一步颁布了《关于一九八六年农村工作的部署》,文件中指出"随着农民向非农产业转移,政府鼓励耕地向种田能手集中,发展适度规模的种植专业户"。不仅如此,1987 年经国务院批准部分沿海发达城市被列为我国农地流转的试点地区,积极推进试点城市的农地流转实验,这标志着农地承包经营权的可转让性和可流动性以法律的形式确定下来。1988 年出台的《中华人民共和国宪法修正案》对土地流转政策做了相应的规定:"在法律允许的范围内,土地使用权可以进行适度转让。"至此,土地流转政策才正式被确立,并形成了正式的法律文件。因此,该时期我国的农地流转政策基本上以鼓励农地进行农用流转作为主线。土地流转也逐见雏形。

1990 年年初开始,土地流转变得异常活跃,因此需要一个健全的农地流转制度来加以规制,政府部门根据农村发展现状以及农地流转特点,出台了一系列相关政策以解决这一问题。1993 年第一轮土地承包期限即将到期,对于我国是否要坚持家庭联产承包责任制再一次成了争议的焦点,主要集中在农民对于土地使用权的顾虑以及政府在政策方面的不稳定性上。为了解决农民的后顾之忧,1993 年 11 月中共中央制定并通过了十一号文件《关于当前农业和农村经济发展的若干政策措施》,在文件中将土地的承包期限做了改动,即在农民原来承包的土地期限到达之后,再将承包期限延长 30 年。为了更加细化耕地管理工作,此规定还提出"增人不增地,减人不减地",但是从实际情况来看,这一措施并没有得到广泛的实施,各地根据当地发展水平以及农民的意愿对土地承包做出了相应的调整。

4.2.3 土地流转调整与回落阶段(1994—2001 年)

20 世纪末随着我国经济发展水平的提高,原有的农地政策在许多方面已经不能适应现代农业发展的需求,因此,中共中央决定再一次对家庭联产承包责任制进一步细化。1999 年 1 月我国出台了《土地管理法》,其中《土地管理法》第二条规定:"土地使用权可以在法律允许的范围内进行转让,但绝不允许任何单位及个人以任何形式对土地进行买卖、侵占或者其他形式的非法转让。"

1995 年农业部发布的《关于稳定和完善土地承包关系的意见》中,进一步重申了农村土地承包经营权有偿流转的政策,而且其中列出了农户承包地流转的各种具体方式,如规定转包、转让、互换、入股等流转方式所获得的收益都受到法律保护,并且进一步指出:"土地承包经营权流转的形式、经济补偿,应由双方协商,签订书面合同,并报发包方和农业承包合同管理机关备案。"该文件还是坚持农地流转需经发包方同意。1998 年修订的《土地管理法》以法律形式进一步明确了土地使用权可以依法转让,但这次修订的《土地管理法》规定"农民集体所有的土地,可以由本集体经济组织以外的单位或者个人承包经营,从事种植业、林业、畜牧业、渔业生产。发包方和承包方应当订立承包合同,约定双方的权利和义务",其条件是"必须经村民会议三分之二以上成员或者三分之二以上村民代表的同意,并报乡(镇)人民政府批准"。允许本集体经济组织以外的单位或个人承包经营是国家有关土地流转制度的一个重大变化。在此之前的相关政策法规中只是规定农地承包经营权可以流转,但没有明确指出承包地经营权可以转让给集体之外的单位或个人。承包地经营权可以在更大范围内流转,说明农地承包经营权的权能更强了,农户对农地承包经营权的私有程度提高,从而提高了农地价值,并且从宏观角度而言,对农地流转范围限制的放松有助于农地使用效率的提升和农业资源的整体优化配置,是土地资源朝市场化配置方向发展的必经之路。但是,这一法律规定在实际执行中受到严格限制,因此这一时期农地市场流转不畅仍然是我国农地市场的基本特征,截至 1996 年,全国仅有 2.6%的耕地发生流转。

不仅如此,在 2001 年颁布的《中共中央关于做好农村承包地使用权流转工作的通知》中,对承包地使用权向村集体之外的企业和个人流转表达了很大的担忧。因此,对此持非常谨慎的态度。该文件指出:“企业和城镇居民随意到农村租赁和经营农户承包地,隐患很多,甚至可能造成土地兼并,使农民成为新的雇农或沦为无业游民,以致危及整个社会稳定。因此,中央不提倡工商企业长时间、大面积租赁和经营农户承包地,地方也不要动员和组织城镇居民到农村租赁农户承包地。”该文件下发之后,土地流转基本上在农户之间进行,而且大多数是在本村集体内部成员之间流转,集体外的农户和其他市场主体很少在农村参与农地流转。

4.2.4 快速发展与完善阶段(自 2002 年至今)

根据新制度经济学,当一种制度的基层需求与顶层设计理念相吻合时,那么该制度被实施的可能性会大大提高。我国的农地流转制度是一种典型的由国家主导的诱致性制度变迁,该阶段的制度变迁也不例外。一方面,从制度供给的角度而言,由于农业现代化进程的不断加快,以家庭为单位的小规模经营已经无法满足我国现代农业的发展需求,机械化水平的不断提高也对土地经营规模提出了更高的要求,而就我国目前的农地制度和经营现状而言,规模化的农业经营离不开农地流转。另一方面,从制度需求的角度而言,我国自进入 21 世纪以来,经济高速发展,城镇化进程也加快了步伐,在这一背景下农村人口开始大量向城市转移并在城市就业。由于大量农民不再从事农业生产,大量的土地资源被闲置,因此外出打工的农户有转出农地的潜在需求。2002 年我国正式对农地流转制定相关的法律制度,《中华人民共和国农村土地承包法》(以下简称《农村土地承包法》)的出台标志着我国农地流转正式以法律的形式确立了下来。2003 年我国正式开始实施《农村土地承包法》。《农村土地承包法》明确规定:"农村集体经济组织内部的家庭承包方式依然是农村土地的承包方式,国家对此进行相应的法律保护,保护农民的权益不受侵害,确保农地承包关系的稳定发展。"

为了强调农地流转的合法性,2007 年实施的《物权法》明确地指出了农地流转问题,肯定了农地流转的合法性,这也意味着我国农地流转改革在进一步加深。尽管如此,我国的农地流转市场发育仍然缓慢,到 2004 年,流转比例仅为 10.5%,2010 年农地流转比例增加到 14.7%。

2014 年,中共中央印发了《关于引导农村土地经营权有序流转发展农业适度规模经营的意见》,其中指出"土地流转和适度规模经营是发展现代农业的必由之路,有利于优化土地资源配置和提高劳动生产率",并提出要实现所有权、承包权、经营权的"三权分置",此为中央对农地流转不断深化改革的体现。2015 年 5 月习近平总书记对农地流转工作做出重要指示,并强调"现代农业发展的方向是多种规模经营,也是农村城镇化建设中一个重要的步骤,在农地流转过程中一定要遵循秩序,根据不同地方的不同需求制订出不同的解决方案"。2017 年中央一号文件也对农地流转做了重点关注,其中提出应该大力培育新型农业经营主体和服务主体,可以通过多种农地流转方式促进形式多样的规模经营,如农地承包经营权流转、土地托管和股份合作等,总之,应该通过农村集体产权制度改革激发土地活力。

综上所述,我国农地流转的变迁历史大体可分为四个阶段,即严格限制交易阶段、接受与鼓励流转阶段、土地流转调整与回落阶段以及快速发展与完善阶段。

4.3 小 结

综观我国农地产权制度和农地流转制度的变迁史,我国农地产权制度大体可分为三个阶段,即农地的农民所有制阶段和集体所有、统一经营阶段及家庭承包经营阶段。就改革开放以后的家庭承包经营阶段而言,进一步将所有权和承包经营权的“两权分离”细化为所有权、承包权和经营权的“三权分置”;我国的农地流转制度大体可分为严格限制交易阶段、接受与鼓励流转阶段、土地流转调整与回落阶段以及快速发展与完善阶段。

我国农地产权制度和农地流转制度的变迁密不可分。总体而言,我国农地制度的变迁史是一个农地流动性不断增强的历史,农地的流动性程度和范围是我国农地产权制度改革的重要组成部分。

首先,农地流转制度本质上取决于农地产权制度。马克思早就提出产权是市场交易形成的基础和前提,即交易之所以能形成,是因为交易的对象必须为私有的东西。当然,根据现代产权经济理论,并非只有所有权私有的东西才可进行交换,产权结构中可分离的部分产权束私有化也能形成有效的市场。比如就我国农地流转市场而言,虽然农民没有权利买卖农地所有权,但是作为相对独立的、可分割的农地经营权也可以通过转让获得收益。因为农地流转市场的形式须以农地经营权的排他性作为基础,因此农地流转的排他性程度直接决定了农地流转的成本,从而影响农地流转规模。另外,农地流转也为确权方式提出了挑战,如在流转对象为企业、合作社等的大规模农地流转中,有时为了降低确权成本和农地流转过程中的交易成本,更倾向于选择确权不确地方式。

其次,我国农地产权制度的变迁对农地流转的影响。我国农地制度的变迁史,尤其是自改革开放以来,是一个农地产权结构不断被明确和细化的过程,即政府通过各种法律条文和法规等使农地产权主体不断明晰,农地产权客体的排他性不断增强,农民的农地产权权利束不断扩大、产权强度不断提高。而农地产权的权利束越大、权能越强,农地流转的范围也越大;农地经营权的权能越强,农地流转的交易成本越低,农地流转规模也越大。

再次,由于农地确权提高了农地产权的安全性和稳定性,有利于扩大农地流转的范围和形式,因此可以促进农地流转,并提高农户的农地租金收入。农地确权带来的主要变化之一就是土地的流转对象由原来的以家庭经营为主逐步转变为以农业集体经营为主,而农业集体经营也是多种形式的,包括企业、农业合作社、专业大户、家庭农场等。在未进行农地确权之前,处于降低流转风险和降低搜寻成本的考虑,农民在一般情况下更倾向于将土地承包给自己的亲朋好友或本村村民,这是农户基于转出农地的收益和成本综合考虑的最优选择。由于流转范围的有限性,农地分散化、细碎化的经营局面并无明显改观,因此,农户的租金收入也极其有限。在进行农地承包权确权之后,流转对象正在逐渐发生变化,由原来的以流转给农户为主逐渐转为流向企业、合作社,随着流转范围的扩大,农地经营规模的增大,农地的经营效率提高,农户往往可以获得相对较高的租金收入。

最后,农地流转制度的变迁对农地产权制度的反作用。我国农地经营权流动性的增强、流动形式的多样化拓宽了农地产权的维度,扩大了农民实现农地经济功能的方式并提高了农民的农业收入。另外,随着土地流转的进一步深化,生产企业或者生产主体逐渐成为土地流转的主要对象,又产生了新的问题,比如收益分配的公平问题、流转过程中的“敲竹杠”问题以及农户的权益保护、社会保障问题等,这可能是未来农地产权制度亟须解决的问题。

尽管在农业劳动力向非农部门大规模转移的背景下,农地流转有利于农地资源的优化配置,对于农业适度规模经营以及我国农业现代化起到了巨大的推动作用,但是由于土地对于大多数农民来说不仅是生产要素,还是农民赖以生存的根本,因此土地流转应充分考虑农民的需求,遵循农民的意愿,在这一前提下鼓励农民通过农地流转发挥土地承包经营权的经济价值,以提高农地效率,增加农民收入。

5 确权对农地流转的影响:理论分析

我国农地确权政策的基本内涵要求每宗地的土地权属都要经过土地登记申请、地籍调查、核属审核、登记注册、颁发土地证书等土地登记程序。因此,确权是对农地经营权的进一步明确和确认,强化了农地承包经营权,提高了农地承包经营权的安全性和稳定性,从而产生价格效应、生产效应、交易费用效应以及禀赋效应,并通过以上四种效应影响农地流转。

本书的思路是在支持前人研究结论的基础上,将确权的价格效应、生产效应和交易费用效应,同行为经济学中的禀赋效应一并放入同一分析框架中,共同作为中介变量分析确权影响农地流转的具体路径,并基于此,探讨不同确权方式对农地流转的影响差异。在对前文相关基本理论、相关文献以及农地产权制度、农地流转政策进行梳理的基础上,本章重点在于分析确权对农地流转的影响,具体而言,确权会通过哪些路径影响农地流转以及最终的农地流转总效应如何。最后,基于以上四种中介作用,分析了不同确权方式的农地流转效应差异。本章主要为接下来两章的实证检验提供理论框架并提出研究假设。

5.1 基于价格效应的中介作用

就确权的价格效应而言,一方面,确权从客观上提高了农地产权的强度,降低了交易费用,同时又提高了农户对农地的预期收益,从而提高了转出户转出农地的意愿价格;另一方面,确权从主观上提高了农户的农地产权安全性,农地产权安全性的提高扩大了农地流转的范围,使农地的经济功能可以在更大的范围内实现,从而提升了农地产权的价值。因此,确权提高了农地流转价格即租金率,而租金率的提高有利于农地转出。

5.1.1 一般分析

(1)确权会提高农地流转价格。

农地确权会提高农地流转价格即租金率,原因如下:

一方面,从产权经济学的角度,确权能强化农地产权,提高其价值,从而提高其价格。产权经济学认为,一项产权规定的越不完整、越不清晰,产权就越弱,那么,获得、转让、保护该产权的成本就越高,产权的相关主体对其预期收益就会越低,产权的价值也就越低。就我国现行的农地制度而言,正是因为产权的残缺性从而导致了农地价值的下降,所以确权能在一定程度上明晰农地产权,强化农地产权权能,提高农户对农地收益的预期,从而提高转出户对农地流转的保留价格,如 Li(2012)对成都确权实践进行考察,结果表明农地产权强度的提高会提高农地价格。

另一方面,确权提高了农户的产权安全性感知,从而提高了潜在转出户的农地收益和农地流转保留价格。确权通过登记、颁证为农户的农地经营权提供法律依据,增加了农地产权安全性,而农地产权安全性的提高会扩大农地流转的交易半径,即农地经营权的价值能在更大的范围以更多的形式实现,从而在更大的程度上做到物尽其用,因此,确权会提高租金率。这是因为,确权通过让农户拥有明确的农地产权权能和法律凭证,减少了农地产权被侵犯的可能性,如强制性收回农地承包经营权或被迫流转农地的概率会下降等,因而提高了农地产权的安全性,而农地产权安全性的提高有利于农户在更大的范围里寻找交易对象,而不仅限于有亲缘、地缘关系的本村农户。也就是说,与确权之前较低的产权安全性相比,确权后农户会更放心地将农地流转给陌生的市场主体,如企业、合作社等,即可以在更大范围内通过交易实现农地的经济价值,这无疑会增加农地流转租金。

（2）农地流转价格会激励农地流转。

农户作为“经济人”将会选择收益最大化的农地规模进行经营，也就是说，选择的耕地面积应满足的条件为自己经营农地的边际收益等于转出农地的租金收益，即转出农地的边际机会成本。

如图5—1所示，*MR*表示农地经营的边际净收益曲线，*P*为农地交易价格。农地流转的交易费用由$C1$和$C2$两部分构成，分别由转入户和转出户承担。对转入农户而言，其实际支付为$P+C1$；对转出农户而言，其实际收益为$P-C2$。$Q0$和$Q1$分别表示转入农户和转出农户初始的农地经营规模。*MR*曲线与$P+C1$曲线相交于$E1$点，即转入户的均衡点为$E1$，此时转入土地面积为$Q0X1$。*MR*曲线与$P-C2$曲线相交于$E2$点，即转出户的均衡点为$E2$，此时转出土地面积为$X2Q1$。

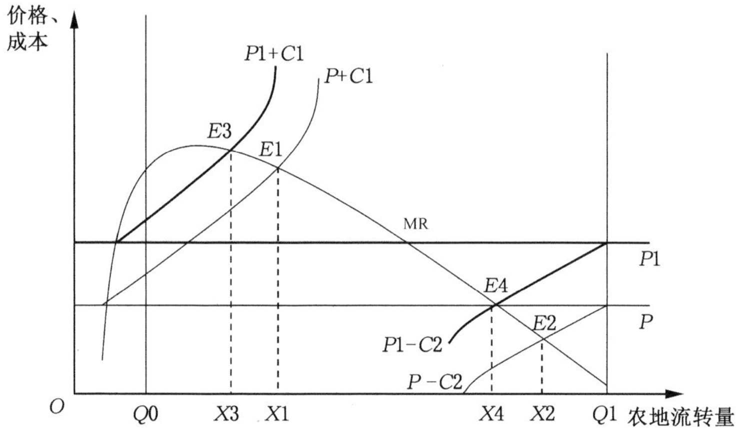

图5—1　确权通过价格效应对农地经营权流转的影响示意图

假设交易费用保持不变，由于土地承包经营权确权引起农地流转的租金率增加，租金率从P上升到$P1$，转入户的成本从$P+C1$上升到$P1+C1$，转入户的均衡点由$E1$变化到$E3$，与$E1$点相比，土地需求量由$Q0X1$减少到$Q0X3$，转入农地的减少量为$X1X3$；而转出户的收益从$P-C2$上升到$P1-C2$，转出户的均衡点由$E2$变化到$E4$，与$E2$点相比，土地供给量由 $X2Q1$ 增加到 $X4Q1$，转出农地的增加量为 $X2X4$。因此，确权通过提高农地流转租金率，抑制农地转入，促进农地转出。

综上所述，本研究提出以下假设：

H1a：确权能显著提高农地流转租金率。

H1b：农地流转租金率的提高会激励农地转出。

H1c：租金率在确权和农地转出之间起到中介作用。

5.1.2　基于不同确权方式的差异分析

本研究认为，与确权确地相比，确权不确地方式在提高农地租金率方面的作用更大。这是因为，在确权不确地方式下，由于农地位置的不确定，农地较容易实现连片，因此这种方式适合基于规模经营的现代农业。现代农业一般对资金、管理、技术和销售渠道等方面的要求较高，因此经营主体多为企业和合作社，甚至有的农地由于已经大规模连片转给企业、合作社统一经营，确权确地的成本太大，致使村集体才不得已选择了确权不确地方式。总之，在确权不确地方式下，农地流转对象一般以企业、合作社为主。正如基础理论部分所述，与农户－农户流转模式相比，在农户－企业与农户－合作社流转模式中，确权对于租金率的提升作用更大。这是因为：一方面，从农地供给方的角度来看，基于不同流转对象的禀赋效应的差序格局，农地转出户对转给亲友、本村农户以及外村农户的农地，其保留价格相对较低，而对转给企业、合作社的农地，其保留价格则较高（钟文晶，罗必良，2013）；另外，与农地转给有亲缘、地缘关系的农户相比，将农地转给企业、合作社等陌生市场主体，对农地后续使用的情况存在较高程度的信息不对称，即转出农地的风险更大，因此农户会提高此种农地流转模式的意愿租金率。另一方面，从农地需求方的角度来看，转入农地的企业、合作社一般多从事基于规模经济和先进经营、管理理念的现代农业生产，农地的边际回报率较高，从而为其承担高租金提供了可能性。

不仅如此，从产权经济学的角度来看，正因为与确权确地相比，确权不确地未将农地产权固化到具体的地块,交易成本更低,这更便利于农地经营权的交易,有助于扩大农地产权的交易半径和交易频率,农地产权的流动性更高,更有助于提升转出农地在流转市场上的交易价格。

5.2 基于生产效应的中介作用

就生产效应而言,农地确权能提高农地产权的稳定性和安全性,激发农户农业生产经营的积极性,农户更愿意对农地进行长期投入(黄季焜,冀县卿,2012)从而增加农地产出,而农地产出的提高在短期会抑制农地转出。因此,在短期内,农地确权的生产效应会对农地转出行为产生抑制作用。

5.2.1 一般分析

(1)确权会激励农户对农地的长期投入,从而激励农地绩效。

一方面,确权增强了农户对地权稳定性的信心,提高其产权安全性感知,从而激励农地投入与农业绩效。根据现代产权理论,稳定、安全的产权不仅有利于激励农地产出,还有利于实现农地的产权交易(马贤磊等,2015)。确权通过登记、颁证为农户的农地承包经营权提供法律依据,增加了农地的产权稳定性和安全性,而产权安全性对农地有显著的投资激励效应,使流转规模扩大。如 Alston et al.(1996)& Saint-Maracry et al.(2010)通过考察巴西和越南,发现有农地确权文件的农户对农地的投资热情更高;马贤磊等(2015)基于江苏、湖北、广西、黑龙江 4 省的调查数据分析,发现较高的农地产权安全性有利于提高农地绩效。

另一方面,确权能提高农户的产权认知水平,激励农业生产。如上文所述,虽然安全的产权可以激励农业投入和农业绩效,但是产权的安全性感知既取决于产权本身的安全性,即理论上的安全性,又取决于农户的安全认知水平,而农户的安全认知主要取决于主观认知,而非法律法规的明文规定。因此,虽然产权在理论上或者在法律上是安全的,但是农户作为处置农地承包权的主体,如果对产权的认知不足,则其在进行经济决策时就会发生偏差,产权在配置资源方面的作用就会大打折扣。因此,提高农户的产权认知水平至关重要。一般而言,可以通过政策宣传等方式提高农户对产权安全性的感知水平,从而激励农户对农地进行长期投资,提高农地生产绩效。

(2)在短期内农地的产出增加会抑制农地转出,而在长期则激励农地转出。

假设其他外部条件不变,农地的单位产出增加,会激励农地转入并抑制农地转出。如图 5—2 所示,*MR*、*P*、*C*1、*C*2、*Q*0、*Q*1、*X*1、*X*2、*P*+*C*1、*P*+*C*2 等符号的含义同图 5—1,即存在交易费用时的均衡状态下,转入土地面积为 *Q*0*X*1,转出土地面积为 *X*2*Q*1。

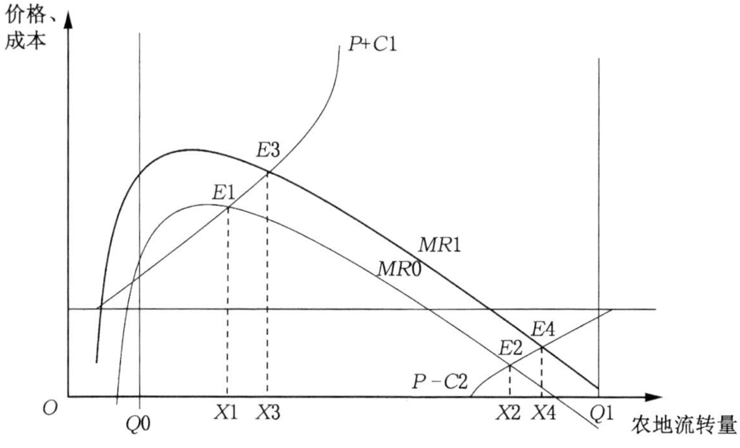

图 5—2　确权通过生产效应对农地经营权流转的影响示意图

假设由于土地承包经营权确权引起农地经营性收入增加,经营农地的边际收益从 *MR*0 增加到 *MR*1,转入户的均衡点由 *E*1 变化到 *E*3,与 *E*1 点相比,土地需求量由 *Q*0*X*1 增加到 *Q*0*X*3,转入农地的增加量为 *X*1*X*3;转出户的均衡点由 *E*2 变化到 *E*4,与 *E*2 点相比,土地供给量由 *X*2*Q*1 减少到 *X*4*Q*1,转出农地的减少量为 *X*2*X*4。因此,确权通过提高农地的经营收益,使得转入农地的需求量增加,而转出农地的供给量减少。另外,虽然确权在短期内会通过生产效应抑制农地转出,但是由于抑制转出和激励转入的双重作用会提高农地流转租金率,而租金率的提高会激励农地转出,因此,确权在长期会通过生产效应促进农地转出。

综上所述,本研究提出以下假设:

H2a:确权能显著提高农地亩产值。

H2b:农地亩产值的提高会在短期内抑制农地转出,而长期则促进农地转出。

H2c:亩产值在确权和农地转出之间起到中介作用。

5.2.2 基于不同确权方式的差异分析

就确权的不同方式而言,与确权不确地相比,对于采用确权确地的农地,由于将农地产权明晰到具体的地块上,农户对该土地的产权拥有得更完整,即拥有了更强的产权,农户具有更强的投资冲动、更大的投资热情,因此更愿意进行长期投资,包括投入更多的人力和资本等,也就是说,确权确地比确权不确地的生产效应更大。正如前文所述,农地的生产效应会抑制农地转出,因此确权确地通过生产效应对农地转出的抑制作用会更强。而对于确权不确地的农地,农地缺乏实物"载体",农户只是根据份额获得农地收益,而农地的份额一经确定,并不会因为肥力变高而增加,因此农户缺乏改良农地以及对农地进行长期投资的动机。由此可见,确权确地比确权不确地在抑制农地转出方面的效应更大。当然,需要说明的一点是,本研究并无意说明确权确地的农地比确权不确地的农地生产效率更高,恰恰相反,因为确权不确地方式一般以规模经营为主,农地的转入方通常会通过获得规模经济、采用先进的生产理念等方式提高农地的生产效率,但是该农地生产效率的提高是基于流转后的农地,考虑到农地的特殊性,比如生产周期长等,因此农地进行多次、频繁再流转的情况较少,故而对已经流转一次的确权不确地的农地,虽然其生产效率提高,但是该农地通过生产效应抑制农地转出的作用可以忽略不计。因此,与确权不确地方式相比,确权确地通过生产效应抑制农地转出的作用更大。

5.3 基于交易费用的中介作用

在衡量一项制度的效率时,交易费用的降低程度至关重要,因为它决定了租值消散的程度以及对资源的利用效率。确权,就其内涵而言,是对农地产权的进一步明确;就其本质而言,是为了降低交易费用。因为确权使农地产权的边界更加清晰,因此保护、获取或转让农地经营权的成本更低,即交易费用下降,而较低的交易费用有助于扩大农地流转量。这是因为,农地流转交易费用的下降会激励农户以其他形式获得农地的收益,而并非一定由自己亲自经营农地,或者说交易成本的下降使原本有流转意愿而因为高交易成本受到抑制的那部分潜在流转量释放了出来,从而促进了农地流转。

5.3.1 一般分析

(1)确权会降低农地流转交易费用。

根据产权经济学,因为交易费用的存在,所以产权从未被完全界定过,总是有一部分产权因为“不值得”而留在公共域中,但是当转让、获取、保护产权的成本即交易费用下降时,新的产权会因为“值得”而从“公共域”中重新被“私人化”,从而进入市场交易。农地承包经营权市场亦是如此。我国承包经营权存在相当的产权残缺和不完整性(钱忠好,2002)等问题,造成了产权弱化,交易成本居高不下,导致我国农地市场即使在国家出台一系列相关政策之后依然摆脱不了流转不畅的局面,因此,我国农地的产权经济功能主要通过实际使用实现,而非交易实现,这样,受限的产权会降低农地的价值,使得我国农户的农业收益不能得到有效提高。而我国土地确权制度通过明确农地的“四至”和颁发法律凭证等措施提高了产权的明晰程度,降低了交易成本,因此,原本因为高交易成本而未能实现的潜在交易量被释放,即确权促进了农地流转。

威廉姆森首次基于专用性投资、不确定性和交易频率三个维度分析了交易费用的成因,他认为交易费用的大小取决于这三个维度:第一,专用性投资,其中包括物质资本专用性、人力资本专用性和地理位置的专用性等。因为专用性资产的“黏性”,其改作他用的“残值”较低,因此拥有的专用性资本越多,“退出”的成本越高,交易费用越高。第二,不确定性。因为外部世界具有不确定性,所以人们不可能真正的完全拥有产权,即有一些产权处于公共域中,这必然会引起人们对该产权的争夺,引起的租值消散,因此产生了交易费用,不确定性越大交易费用越高。第三,交易频率。交易频率越高,搜寻信息、议价、谈判等交易费用也越高。另外,根据具体的交易过程,威廉姆森将交易费用分为签约前的交易费用和交易后的费用,其中签约前的交易费用包括搜寻交易对象、谈判和签约等,而交易后的费用包括监督费用以及事后不适应引起地再谈判成本,等等。

那么,确权何以降低交易费用呢?一方面,在客观上,土地确权为农户流转土地提供了法律文本作为依据,在一定程度上,明晰了产权,降低了农地流转的交易成本;另一方面,在主观上,土地确权提高了农民对农地产权的认知水平,增强了农户对地权稳定性的信心和安全性的感知,因此,减少了农户对于交易的顾虑、增加了其交易的信心。例如,张娟和张笑寒(2005)利用江苏南通统计数据进行研究,结果表明农村土地承包经营权发证率越高,该地区的农村土地承包经营权流转市场越发达,农户对农村土地产权稳定性的信心和安全性的感知就越高,农村土地交易费用也就越低,越有利于农地流转。总之,土地确权强化了农地的产权,降低了交易成本,有利于实现农地收益权的最大化。

从具体的交易过程来看,一方面,土地确权有利于降低交易前的各项费用,其中包括搜寻交易对象的费用、草拟合同的费用、谈判费用和保证合同落实的费用等。由于农户有了农地承包经营权证书或者承包合同,增加了谈判的法律依据,减少了谈判中的不确定因素,提高了谈判效率,降低了谈判成本,另外,确权可以降低农民对农地权利的保护成本,包括减少农地被强行流转的可能性等。另一方面,土地确权也有利于降低交易后的各项费用。首先,农户可以很容易地向法庭递交法律文本作为证据,有利于降低事后违约产生的纠纷解决成本。其次,有利于降低签约后的事后不适应成本,包括突发事件导致的讨价还价成本。在确权之前,假设农户在面临将农地转让给没有血缘、亲缘关系的合作社和企业时,尤其是在流转期限比较长的情况下,可能会担心农地收不回来的情况发生。但是,农民拥有农地产权证书以后,可以减少这种顾虑。最后,因为土地确权降低了人们对于违约收益的预期,所以也降低了违约发生的概率,进而降低了交易成本,形成高履约率和高流转率的良性循环。

(2)交易费用的下降有利于扩大农地流转。

农地确权不仅降低了农地转出户的交易费用,而且降低了农地转入户的交易费用,因此增加了农地承包经营权流转的供给量和需求量。

如图 5—3 所示,图中的 MR、P、$C1$、$C2$、$Q0$、$Q1$、$X1$、$X2$、$P+C1$、$P+C2$ 等符号的含义同图 5—1。假设由于土地承包经营权确权引起交易费用下降,转入户交易成本从 $C1$ 下降到 $C'1$,转入户的均衡点由 $E1$ 变化到 $E3$,与 $E1$ 点相比,土地需求量由 $Q0X1$ 增加到 $Q0X3$,即交易费用降低后,土地需求量增加了 $X1X3$;转出户交易成本从 $C2$ 下降到 $C'2$,转出户的均衡点由 $E2$ 变化到 $E4$,与 $E2$ 点相比,土地供给量由 $X2Q1$ 增加到 $X4Q1$,即交易费用降低后,土地供给量增加了 $X2X4$。因此,确权通过降低交易费用导致农地供给量和需求量同时扩张,即确权不仅激励农地转入而且激励农地转出。

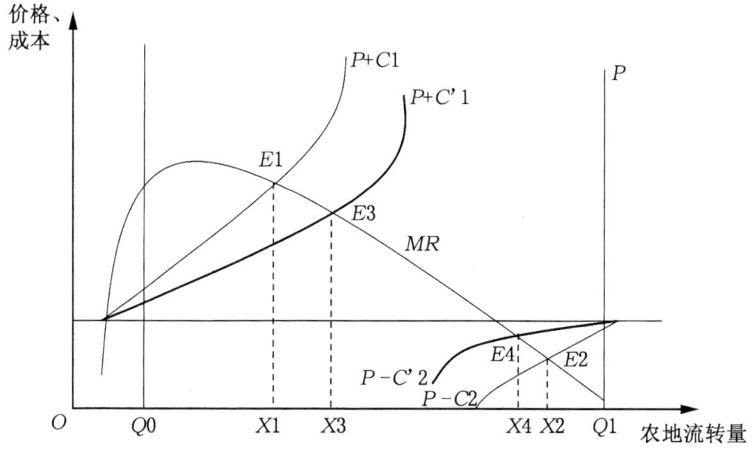

图 5—3　确权通过交易费用对农地经营权流转的影响示意图

综上所述,本研究提出以下假设:

H3a:确权能显著降低农地流转交易费用。

H3b:农地流转交易费用的降低会激励农地流转。

H3c:交易费用在确权和农地流转之间起到中介作用。

5.3.2 基于不同确权方式

在不同确权方式下,确权的交易费用效应以及农地流转效应的差别具体体现为:

一方面,交易前的谈判费用和搜寻信息费用。现代化的农业需要适度规模经营,而适度规模经营涉及农地的连片流转。农地流转是将农地承包经营权的重新分配,而产权分配的交易成本取决于公平分配收益的难易程度、信息不对称和不完全的程度、参与者的数量和异质性等(加里·D.利贝卡普,2011)。而对于确权不确地的农地而言,农地形式上的同质性更容易实现公平分配,即只需要按照农地面积或者份额进行分配即可。不仅如此,由于农地异质性引起的信息不对称,因此引起的交易费用也会降低。因此,以上两方面都降低了交易前的谈判费用。另外,由于确权不确地的农地在流转时谈判费用低,因此,其更容易找到合适的流转对象,即流转对象更加市场化,进而,搜寻流转对象信息的成本也更低。

另一方面,交易后的费用,比如事后的不适应成本等。在执行合约的过程中如果出现外部市场环境剧烈变动等突发状况,根据合同约定农地流转双方需要重新谈判,比如转租方要求退出或者修改分配方案时,在确权不确地的方式下,因为没有明确的农地位置,而只是权利的转让,在谈判中更容易达成一致。另外,在合约执行过程中,由于在确权不确地方式中农地都是同质的,因此在进行利润分割方面,与确权确地相比,成本也较低。

5.4 基于禀赋效应的中介作用

行为经济学认为市场交易中普遍存在禀赋效应,该效应也同样存在于农地流转市场。确权通过明晰产权加强了农地经营权的权能,并因此强化了农地流转市场的禀赋效应,而禀赋效应由于拉大了农地转出户的意愿接受价格和农地转入户的意愿支付价格之间的差距,因此缩小了农地流转市场可能的交易集,从而抑制了农地流转。

5.4.1 一般分析

(1)确权会强化农地流转市场的禀赋效应。

禀赋效应一词是由 Richard Thaler(1980)提出的,是指当一个人拥有某件物品后,那么他对该物品的价值评价要比未拥有时大,可表示为某人愿意接受的价格 WTA(Willingness to Accept)和愿意支付价格 WTP(Willingness to Pay)的比值,即 WTA/WTP。由于禀赋效应的存在,商品的所有者通常期望以高于市场价格的价格卖出商品,因为他对该商品的估值已非理性提高,这一点对传统经济学的"理性经济人"假设提出了挑战,而商品的购买者却不能接受这个高价,这样就很容易导致交易量萎缩,降低市场效率。

禀赋效应在农地流转市场表现得更普遍、更明显。根据前文的禀赋效应心理机制,不论是基于损失规避的预期效用理论,还是基于记忆视角的查询理论,都认为禀赋效应现象在行为经济学中普遍存在,并且个人对物品的产权控制得越完整、越强,以及物品的不可替代性越强,禀赋效应就越强。由于我国农村的社会保障、失业保障制度缺失以及农民的乡土观念浓厚,农地资源对于农户具有较强的不可替代性,因此,农户在农地流转中表现出普遍的禀赋效应,并且此效应因为农户的"惜地""恋地"情结,具有明显的情感依赖性。

确权强化了农地流转中的禀赋效应。根据要素禀赋理论,如果一个人对拥有物品的权利既可获得法律保护又能得到社会认同,那么,其对该物品拥有的时间越长,就越对该物品具有依赖性,则其禀赋效应就越强烈。而确权正是从法律制度上加强了农民对农地产权的控制程度和社会认同程度,增强了农地产权强度,从而强化了农地流转市场的禀赋效应。

(2)禀赋效应的提高会抑制农地流转。

由于禀赋效应的存在,潜在转出户会提高农地转出的保留价格,因此禀赋效应进一步扩大了买卖双方的心理预期价格差距,减少了双方都能接受的交易集,抑制了农地承包经营权的流转(钟文晶,2013)。不仅如此,禀赋效应在不同特征的农户中表现有差异,比如越是对农地依赖性强、拥有农地的时间越长、对农地产权的拥有强度越强,则禀赋效应也就越强,并且禀赋效应呈现出明显的代际差异,新生代农民在农地流转中禀赋效应存在的可能性较低。

综上所述,本研究提出以下假设:

H4a:确权能显著增强农地流转中的禀赋效应。

H4b:农地流转中的禀赋效应会抑制农地流转。

H4c:禀赋效应在确权和农地流转之间起到中介作用。

5.4.2 基于不同确权方式的差异分析

根据禀赋效应的内涵,禀赋效应主要源于人们对所属物品的情感依赖性,因此,农地流转过程中的禀赋效应与农户对农地的依赖性密不可分,即农地对于农户越重要,则农地转出过程中表现出的禀赋效应越明显。另外,禀赋效应的强弱还取决于交易对象的可替代性和交易主体的动机。

就不同确权方式而言,首先,从情感依赖性来看,就确权不确地方式本身来说,农地载体的"虚无化"使得农户对农地很难建立起难以割舍的"惜地"情结,因此,与确权确地相比,确权不确地的农地在流转过程中表现出来的禀赋效应通常较弱。其次,从农地功能的可替代性来看,与确权确地相比,确权不确地一般多出现于经济较发达的地区,或者城镇化水平较高、兼业化程度较高的地区,因此农业收入在家庭收入中的占比较低,农户对农地的依赖性较弱,也就是说,对于该类农户来说,农地更多承担的是一种经济功能,而承担的社会、政治等功能较弱,且经济功能也很有限。因此,对于该农户而言,农地的可替代性较强,农地流转市场的禀赋效应较弱。最后,从主观动机来看,确权不确地的农地以流转给企业、合作社等市场主体为主,且多从事现代农业经营,由于农地的回报率较高,转入户的交易动机较强,不仅如此,由于农地经营的高回报率决定了农地流转的租金率一般也较高,因此潜在转出户有更强的转出意愿,那么,买卖双方均有较强的交易愿望时,农地流转市场的禀赋效应应该比较弱。总之,与确权确地方式相比,确权不确地方式的农地流转市场中表现出的禀赋效应应该更弱,确权通过禀赋效应对农地流转的抑制效应也更小。

5.5 小　结

根据以上理论分析,本研究的主要理论框架可概括为:(1)确权会提高农地流转租金率,而租金率的提高会激励农地转出,即价格效应(租金率)在确权和农地流转之间起到中介作用;(2)确权会激励农户对农地进行长期投资而提高农地产出,农地产出的提高在短期会抑制农地转出,即生产效应(亩产值)在确权和农地流转之间起到中介作用;(3)确权会降低农地流转交易费用,而交易费用的降低会激励农地流转,因此,交易费用在确权和农地流转之间起到中介作用;(4)确权会强化农地流转市场的禀赋效应,而禀赋效应会抑制农地流转,因此,禀赋效应在确权和农地流转之间起到中介作用。

由于确权通过以上四个方面引起的农地流转效应方向不同,因此确权对农地流转的总效应并不确定,主要取决于其共同的叠加作用。就不同确权方式而言,对于确权不确地方式来说,因为通过降低交易费用和提高租金率而带来的对农地流转的促进作用较大,而通过生产效应和禀赋效应带来的对农地流转的抑制效应较小,因此,与确权确地相比,确权不确地在促进农地流转方面的作用更大,如表 5—1 所示。

表 5－1　　确权、确权方式和农地流转效应

类　别	确权的农地流转效应	基于不同确权方式的农地流转效应	
		确权不确地	确权确地
基于价格效应	＋	较大	较小
基于生产效应	－	较小	较大
基于交易费用	＋	较大	较小
基于禀赋效应	－	较小	较大
总效应	不确定	较大	较小

鉴于以上分析，本研究提出以下假说：

H5：确权对农地流转的总效应不确定。

H6：相较于确权确地方式，确权不确地的农地流转效应更大。

6 确权和农地流转:基于多重中介效应的实证检验

根据已有文献的研究结果,确权可以提高农地流转租金率、激励生产、明晰产权以降低农地流转市场的交易费用以及强化禀赋效应,并最终对农地流转市场产生影响,那么,确权对农地流转市场的具体影响路径包括哪些?本研究主要通过多重中介效应模型,探析确权对农地流转的影响机制。

本部分对确权—租金率、亩产值、交易费用、禀赋效应—农地流转的关系进行分析并验证。首先,基于前文提出的确权和农地流转之间的理论关系和研究假设,进行研究设计,具体包括数据来源、样本分布、变量选择、数据的有效性检验和模型设定等。其次,对农地流转交易费用基于因子分析方法,根据交易过程,提取交易费用的三个公因子。再次,利用SPSS软件的Process插件,并利用其中的模型四,基于设计的模型和选取的样本进行回归分析,对提出的假设进行验证,并利用Stata软件通过依次检验法对其结果进行稳健性检验。最后,对回归的结果进行解释,并对所有假设的验证结果进行汇总。

6.1 研究设计

6.1.1 数据来源和样本分布

本研究中的数据,除了浙江省各地区城镇居民人均可支配收入是来自浙江省统计年鉴外,其他数据均来自在校本科生2017年寒假探亲的机会对农户的入户调查问卷。浙江省处于中国东部,其人均GDP和城镇化率均高于全国平均水平，农地流转比较活跃，因此，以该地区作为研究对象进行抽样，能反映我国农地流转的发展态势，有较强的现实意义。

本研究主要通过文献梳理、实地走访农户、村干部座谈和专家咨询等相结合的方式进行问卷设计和数据收集工作。首先，对农地流转、交易费用和禀赋效应等方面的国内外相关文献进行梳理，根据主流文献研究方法并结合本研究目标设计本次调研的研究指标和题项；其次，对随机抽选的农户和村委委员进行半结构式访谈，一方面确认问卷设计的合理性，另一方面检验问卷题项表达的明晰性和准确性；再次，在以上两项工作的基础上设计调查问卷表，并将该调查问卷表发送给相关领域的多位专家，进一步对问卷进行审核及完善；最后，组织一部分学生进行小范围的预调研，并将预调研获得的数据进行效度和信度检验，而后根据预调研数据的有效性检验结果对问卷有关题项进行调整，并完善调研注意事项。另外，在数据录入阶段，对有些疑问数据进行核实和确认，保证数据的真实性和完整性。为了达到研究目的，第一，本研究中的样本仅限于农地转出样本；第二，农地转出仅限于农业内部的流转，不涉及农转非；第三，转出户的农地流转对象必须为农户、企业或者合作社；第四，为了保证问卷调查的准确性，要求受访者必须为户主，即在家中主事之人；第五，本问卷的内容包括流转情况、确权情况、农户特征、家庭特征、环境特征和政策特征等。

本次问卷调查涉及浙江北部、浙江南部、浙江中部、浙江东部和浙江西部地区，共发放问卷 700 份，除去不合逻辑的、有缺失值的无效问卷等，共回收有效问卷 522 份，其中，农地流转样本 284 份。本研究关于中介效应的分析部分，由于涉及农地流转租金率，因此只选取了 284 份流转样本作为数据来源，其中，确权样本 198 份，占总样本的 69.72%；未确权样本 86 份，占总样本的 30.28%。关于样本农户的地区分布状况如表 6－1 所示，浙江北部、浙江南部、浙江中部、浙江东部和浙江西部地区的样本量分别为 79 份、80 份、25 份、78 份和 23 份，其各地区的占比分别为 28%、28%、9%、27%和 8%。

表 6—1　　样本农户的地区分布状况

	确权(份)	未确权(份)	合计(份)	占比(%)
浙江北部	62	16	79	28
浙江南部	58	22	80	28
浙江中部	15	10	25	9
浙江东部	50	28	78	27
浙江西部	13	10	23	8
合　计	198	86	284	100

6.1.2　变量的定义、指标选择和描述性统计

本研究的变量和指标选择具体如下：

(1)因变量。

本研究的因变量是农地流转比例,即农户转出农地面积占家庭总承包农地面积的比率。

(2)自变量。

自变量是虚拟变量确权与否,确权是指农户从村集体承包的农地已获得农地承包经营权证书或者承包合同。

(3)中介变量。

本研究涉及的中介变量包括以下四个:①租金率。农地确权的价格效应用流转农地的租金率即农地的每亩年租金表示。②亩产值(即农地的年亩产值)。对于农地确权的生产效应,该变量的主流衡量指标包括对农地的投入(包括劳动和资本等)以及亩产值等,本研究采用后者。③交易费用。正如理论部分所述,根据具体的交易过程,交易费用大体包括前期的搜寻交易对象的费用、中期的谈判费用以及后期的执行费用。同样地,农地流转过程中的交易费用内涵也是如此,本研究结合冀县卿等(2015)、罗必良等(2012)测度交易费用的指标,将交易费用分为三个阶段,即一级指标包括搜寻信息费用、谈判费用和合约执行费用。其中,搜

寻交易对象的信息费用包括的指标:第一,从农户想转出农地到找到交易对象总共用了多长时间(包括打电话、亲自登门或通过中间人交涉等);第二,农户寻找交易对象是通过哪种渠道信息来源(包括亲友、普通农户和村集体或其他第三方中介);第三,为找到农地流转对象进行交涉的总次数(包括打电话、亲自登门或通过中间人交涉等)。谈判费用包括的指标:第一,从找到流转对象到实际转出土地,和对方总共沟通了几次(包括打电话、亲自登门或通过中间人交涉等);第二,从找到流转对象到实际转出土地的总耗时。合约执行费用包括的指标:第一,合同履约期间双方共发生了几次纠纷;第二,合同履约期间双方纠纷解决的难易程度,按照从易到难的顺序,大体上依次可描述为"通过双方私下协商解决→村中有威望的人从中斡旋进行解决→求助于村集体或其他正式中介机构进行解决"。具体的变量指标选择及描述性统计情况如表6—2所示。本研究在利用SPSS软件对交易费用进行因子分析的基础上,得出交易费用的三个公因子,即搜寻费用因子、谈判费用因子和合约执行费用因子。由于描述这三个因子的指标均为定序变量,因此本研究用三个公因子的加总来衡量交易费用的总水平。然后,本研究进一步将交易费用作为中介变量,探讨其在确权和农地流转之间的中介效应。④禀赋效应,该变量采用目前主流的测度指标之一,即农户在不得不转出农地时租出农地能够接受的最低价格WTA和在不得不转入农地时转入该农地愿意支付的最高价格WTP之比,即WTA/WTP。如胡新艳等(2017)、吴诗嫚等(2015)均采用这一测度指标衡量禀赋效应强度。

表6—2　　交易费用的指标选择和描述性统计

序号	一级指标	二级指标	极小值	极大值	均值	标准差
1	搜寻信息费用	搜寻流转对象需要的总时间,见编码(1)	1	6	4.06	1.864
		搜寻农地流转对象交涉的次数,见编码(2)	1	5	2.42	2.337
		农地流转信息获得渠道,见编码(3)	1	3	1.783	0.638 7

续表

序号	一级指标	二级指标	极小值	极大值	均值	标准差
2	谈判费用	从找到流转对象到转出土地的沟通次数,见编码(2)	1	5	2.35	0.944
		从找到流转对象到转出土地的耗时,见编码(1)	1	5	2.49	1.415
3	合约执行费用	合约履行期间发生的纠纷次数,见编码(2)	1	4	1.472	0.834 9
		合同纠纷主要的解决途径,见编码(4)	1	3	1.28	0.632

注:

编码(1):1 天以内=1,一周以内=2,一个月以内=3,一个月到半年=4,半年到一年=5,一年以上=6;

编码(2):1 次=1,2 次=2,3 次=3,4 次=4,5 次及以上=5;

编码(3)亲友=1,普通农户=2,村集体或中介=3;

编码(4):双方协商=1;村中有威望之人进行调节=2;村集体、法院等其他正式机构调节=3。

(4)控制变量。

①户主特征,主要包括户主年龄和户主外出打工的时间。户主年龄越大、户主外出打工的时间越长,家中适农劳动人口越少,农地转出的需求越明显。

②家庭特征,主要包括家庭成员数、家庭抚养比、家庭人均农地面积、家庭非农收入比例。家庭成员数越多,家庭经济负担越重,而务农的低收入决定了家庭成员更倾向于选择外出打工等非农就业活动,因此家庭成员数会激励农地转出;抚养比越高,劳动人口的比重越低,且受限于非劳动人员(老幼弱病),家庭能够外出就业的成员越少,因此,抚养比会抑制农地转出;家庭人均农地面积越大,农地资源越丰富,在家庭成员数量一定的情况下,转出农地的概率越大,因此家庭人均农地面积会激励农地转出;家庭非农收入比例越高,家庭劳动力从事非农经营的可能性越大、成员数量越多,而从事农业生产的可能性越小、成员数量越少,因此,农地转

出概率和比例越高。

③环境特征,主要包括村人均年收入、城镇居民人均可支配收入。一般来说,村人均收入越高,外出就业的机会成本越大,外出就业的可能性越小,因此,村人均收入会抑制农地转出;城镇居民人均可支配收入越高,表明农户从事非农就业的收入水平越高,而且农民有更多的机会从事非农就业,因此农民更倾向于兼业化和离农化,即城镇居民人均可支配收入会激励农地转出。

④政策特征,主要包括农户是否享受农业补贴、新农保。就农业补贴而言,大量研究表明农业补贴如果发放给农业经营者,则农业补贴能显著促进农地流转(冀县卿等,2015),因为农业补贴对象如果为农地经营者,则补贴提高了农地经营收入,即提高了潜在农地转入户的农地收益预期,有利于激励农地转入。另外,同生产效应相类似,对农地经营者的补贴会抑制农地转出。就新农保而言,由于我国的农地之于农民同时承担了经济功能、社会保障功能和政治功能等,新农保的实施降低了农地的社会保障功能等,从而使农民对农地的依赖性下降,即解决了农户的"后顾之忧",有利于农户转出土地,即新农保会激励农地转出。

(5)变量定义和描述性统计。

本研究涉及的具体变量定义和描述性统计如表6—3所示。

表6—3　变量定义和描述性统计

	变量名称	变量定义	极小值	极大值	均值	标准差
因变量	农地流转率	流转面积/家庭总承包面积(%)	0.14	1.00	0.74	0.258
自变量	确权	未确权=0,确权=1	0	1	0.70	0.460
中介变量	租金率	转出农地的平均亩年租金(元/亩/年)	0	5 000	931.16	689.407
	亩产值	该农户农地每年的平均亩产值	1 300	3 700	2 047	398.8
	禀赋效应	该农户转出农地愿意接受的最低价格和转入该农地愿意支付的最高价格之比	0.64	2.5	1.191 1	0.286 0

续表

	变量名称	变量定义	极小值	极大值	均值	标准差
控制变量	年龄	户主的实际年龄(周岁)	28	82	54.85	11.095
	户主外出打工情况	见编码(1)	1	4	2.70	1.331
	家庭成员数	家庭的总人数(人)	1	9	4.17	1.373
	家庭抚养比	非劳动年龄人口数/劳动年龄人口数	0	4	0.44	0.779
	家庭非农收入比例	家庭的年非农收入/家庭年总收入(%)	0	100	81.92	29.130
	家庭人均农地面积	家庭农地总承包面积/家庭成员数(亩/人)	0.08	7.50	0.861	0.743
	村人均年收入	该村人均年收入(万元)	0	10	2.71	1.826
	城镇居民人均年收入	所在地级市城镇居民人均年收入(万元)	5.499	12.027	7.818	2.27
	农业补贴	获得农业补贴=1,未获得农业补贴=0	0	1	0.65	0.477
	新农保	实行新农保=1,未实行新农保=0	0	1	0.89	0.308

注：

编码(1)：没有外出打工=1,大部分时间在家务农、少部分时间在外打工=2,少部分时间在家务农,大部分时间在外打工=3,常年外出打工=4。

(6)确权影响农地流转和中介变量的描述性统计。

根据前文的理论分析,确权会通过价格效应(租金率)、生产效应(亩产值)、交易费用和禀赋效应的中介作用影响农地流转比例,其描述性统计结果如表6—4所示,未确权组中的农地流转比例均值为0.579 1,而确权组中农户的农地流转比例均值为0.811 2,即确权组的农地流转比例高于未确权组;未确权组的租金率均值为716.98,而确权组的租金率均值为1 024.19,即确权组的农地流转租金率均值高于非确权组;未确权组的农地年亩产值均值为1 752.91,而确权组的农地年亩产值均值为1 963.74,即确权组的农地年亩产值高于非确权组;未确权组农地流转市场的交易费用公因子系数为0.130 7,而确权组农地流转市场的交易费用公因子系数为 0.056 8,即确权组农地流转市场的交易费用水平低于非确权组;未确权组农地流转市场中的禀赋效应系数为 1.184 4,而确权组农地流转市场中的禀赋效应系数为 1.206 3,即确权组比未确权组农地流转市场中的禀赋效应更强。

表 6—4　　　　确权影响农地流转和中介变量的描述性统计结果

确权与否		农地流转比例	租金率	亩产值	交易费用	禀赋效应
未确权组	均值	0.579 1	716.98	1 752.91	0.130 7	1.184 4
	N	86	86	86	86	86
	标准差	0.240 00	299.922	240.631	2.139 80	0.298 88
确权组	均值	0.811 2	1 024.19	1 963.74	0.056 8	1.206 3
	N	198	198	198	198	198
	标准差	0.233 33	784.364	402.347	1.524 25	0.280 79
总　计	均值	0.740 9	931.16	1 899.89	0.000 0	1.191 1
	N	284	284	284	284	284
	标准差	0.258 09	689.407	373.494	1.732 05	0.286 03

6.1.3　数据的有效性检验

(1)数据效度检验。

KMO 检验通常用于比较变量间简单相关系数、偏相关系数,*KMO* 统计量的取值介于 0 到 1 之间。所有变量间的简单相关系数平方和越大于偏相关系数平方和,则 *KMO* 系数越接近 1,说明变量间相关性越强,这些变量也就越适合进行因子分析;反之,当所有变量间相关系数平方和越接近于 0 时,则说明变量间相关性越弱,这些变量也就越不适合进行因子分析。另外,巴特利特球形检验用以检验相关矩阵是否是单位矩阵,即各变量是否独立,即以变量的相关系数矩阵为出发点,零假设为相关系数矩阵是单位矩阵。若统计值较大且对应的概率值小于给定的显著性水平,则拒绝零假设,即说明各变量间存在公因子。本研究对样本数据进行

KMO 样本测度和巴特利特球形检验,结果表明 KMO 系数为 0.603,巴特利特球形检验统计量的观测值为 660.837,概率 P 值接近于 0,说明适合进行因子分析。

(2)数据信度检验。

信度主要用于考察各题项之间是否具有高度的稳定性和一致性。克隆巴赫 α 系数是一个常用的信度指标,主要衡量某一个维度内不同题项间的一致性程度。本研究利用 SPSS 软件采用 α 信度系数法进行信度检验,本次问卷调研数据 Cronbach α 值为 0.949,达到了有效信度的标准,信度较良好,说明该问卷的内在一致性较理想。

6.1.4　对交易费用进行因子分析

本研究通过 SPSS 软件利用相关矩阵求出特征根,其中 3 个因子变量的特征根均大于 1,且累计方差贡献率达到 71.156%(见表 6—5),说明前 3 个因子涵盖了原始数据评价指标所表达的主要信息,结合本研究目的,选取 3 个公因子即可。这 3 个公因子分别代表交易费用的 3 个一级指标,即搜寻信息费用、谈判费用和合约执行费用。

表 6—5　　解释的总方差

成分	初始特征值			提取平方和载入			旋转平方和载入	
	合计	方差的%	累计%	合计	方差的%	累计%	合计	方差的%
1	2.550	36.425	36.425	2.550	36.425	36.425	1.889	26.988
2	1.397	19.959	56.384	1.397	19.959	56.384	1.564	49.335
3	1.034	14.772	71.156	1.034	14.772	71.156	1.527	71.156
4	0.812	11.595	82.752					
5	0.669	9.559	92.310					
6	0.428	6.118	98.428					
7	0.110	1.572	100.000					

由表 6—6 可以发现，利用最大方差法进行因子旋转后，因子 1 在合约履行期间发生的纠纷次数和合同纠纷主要的解决途径的因子载荷系数分别为 0.945 和 0.935，因此可以认定因子 1 主要表示执行合同阶段的交易费用；因子 2 在从找到流转对象到实际转出土地的沟通次数和从找到流转对象到实际转出土地的总耗时的因子载荷系数分别为 0.852 和 0.803，因此，可以认为因子 2 主要表示农地流转过程中谈判阶段的费用；因子 3 在搜寻流转对象需要的总时间、搜寻农地流转对象交涉的次数、农地流转信息的获得渠道这 3 个指标的因子载荷系数分别为 0.764、0.676、0.649，因此可以认为因子 3 主要表示搜寻流转对象阶段的交易费用。因此，因子 1、因子 2、因子 3 分别代表合约执行费用因子、谈判费用因子和搜寻信息费用因子。

表 6—6　　旋转因子载荷矩阵

指标题项	因子 1	因子 2	因子 3
搜寻流转对象需要的总时间	—0.056	0.131	0.764
搜寻农地流转对象交涉的次数	0.103	0.179	0.676
农地流转信息获得的渠道	0.174	—0.255	0.649
从找到流转对象到实际转出土地的沟通次数	0.227	0.852	—0.081
从找到流转对象到实际转出土地的总耗时	0.164	0.803	0.205
合约履行期间发生的纠纷次数	0.945	0.178	0.089
合同纠纷主要的解决途径	0.935	0.220	0.096

本研究主要变量之间的相关性系数，如表 6—7 所示，利用 SPSS 软件进行分析的结果表明最大的相关系数为 0.488，远低于 0.8，因此不存在严重的多重共线性问题。另外，由于篇幅所限，本研究只列举了主要变量之间的相关性系数。

表 6—7　　主要变量的相关性分析结果

	确权	亩产值	租金率	禀赋效应	交易费用
确权	1				
亩产值	0.488	1			
租金率	0.166	0.322	1		
禀赋效应	—0.035	0.129	—0.055	1	
交易费用	—0.050	—0.005	0.037	0.051	1

6.1.5　模型设定和计量方法

(1)模型设定。

根据前文的理论分析可知,确权通过价格效应、生产效应、交易费用效应和禀赋效应对农地流转产生影响,即中介变量分别为租金率、亩产值、交易费用、禀赋效应。其影响过程具体包括:第一,确权对农地流转的总效应,用式(6—1)表示,其中,*cirrate* 为农地流转比例,*con* 为确权与否,*contr* 为控制变量向量,c_1 表示确权对农地流转的总效应;第二,中介效应的第一阶段,即确权对中介变量的影响,用式(6—2)、式(6—3)、式(6—4)、式(6—5)来表示,其中,M_r、M_v、M_t、M_e 分别表示租金率、亩产值、交易费用和禀赋效应,而 α_r、α_v、α_t、α_e 分别表示确权对租金率、亩产值、交易费用和禀赋效应的影响;第三,中介效应的第二阶段,即以上四个中介变量对农地流转的影响,用式(6—6)表示。那么,β_1 表示确权对农地流转的直接效应,即控制中介效应后确权自身对农地流转的影响,$\alpha_r\beta_r$ 表示租金率在确权和农地流转之间的中介作用,$\alpha_v\beta_v$ 表示亩产值在确权和农地流转之间的中介作用,$\alpha_t\beta_t$ 表示交易费用在确权和农地流转之间的中介作用,$\alpha_e\beta_e$ 表示禀赋效应在确权和农地流转之间的中介作用。

$$cirrate = c_o + c_1 con + c_2 contr + \delta \tag{6—1}$$

$$M_r = \alpha_{11} + \alpha_r con + \alpha_{12} contr + \delta_r \tag{6—2}$$

$$M_v = \alpha_{21} + \alpha_v con + \alpha_{22} contr + \delta_v \tag{6—3}$$

$$M_t = \alpha_{31} + \alpha_t con + \alpha_{32} contr + \delta_t \tag{6—4}$$

$$M_e = \alpha_{41} + \alpha_e con + \alpha_{42} contr + \delta_e \tag{6—5}$$

$$cirrate = \beta_0 + \beta_1 con + \beta_r M_r + \beta_v M_v + \beta_t M_t + \beta_e M_e + \beta_2 contr + \delta_0 \tag{6—6}$$

(2)计量方法。

对于中介效应的检验,目前主流的方法有三个:

①1986 年 Baron 提出的依次检验法,又称逐步检验法。基本的步骤包括:第一步,先检验式(6—1)中的总效应 c_1 是否显著,如果不显著则停止检验,如果显著进行下一个步骤;第二步,检验式(6—2)至式(6—6)中的 α_r、α_v、α_t 或 α_e 是否显著,如果哪个不显著,则不存在该中介效应,如果显著,则进行下一步;第三步,检验式(6—6)中的 β_r、β_v、β_t 或 β_e 是否显著,如果显著,则存在中介效应,如果不显著,则不存在该中介效应。如果以上三个步骤的验证结论都是显著的,那就存在该中介效应。在此情况下,如果 β_1 不显著,则该中介效应属于完全中介效应;反之,若 β_1 显著,则中介效应属于部分中介效应。但是该方法不断受到温忠麟等(2004)诸多学者的质疑,比如该检验方法只是一个概念化模型,而不是直接对中介效应 $\alpha_r\beta_r$、$\alpha_v\beta_v$、$\alpha_t\beta_t$、$\alpha_e\beta_e$ 进行检验,这样一来,如果出现这样的情况,比如 α_r 或者 β_r 不显著,而 $\alpha_r\beta_r$ 显著时,中介效应也是存在的,但是该方法却得出不显著的结论,因此,该方法的检验力较弱。

②Sobel 检验。Sobel 检验的优点是直接对中介效应的系数进行显著性检验,克服了依次检验法的弊端,但其主要缺点是该方法要求中介效应系数 $\alpha_r\beta_r$、$\alpha_v\beta_v$、$\alpha_t\beta_t$、$\alpha_e\beta_e$ 呈正态分布,而该系数通常并不服从正态分布,这会导致检验结果第一类错误的发生概率提高。

③Preacher & Heyes(2004)发现,如果使用 Bootstrap 方法,即使在中介效应系数不服从正态分布时也能检验出中介效应。目前,该方法被认为是比较好的一种中介效应的检验方法。近几年的心理学、消费者行为学等国际顶级期刊发表的有关中介效应的文章多采用该方法。因此本研究按照 Zhao et al.(2010)提出的中介效应检验程序、Hayes A. F.

(2013)提出的非参数百分位 Bootstrap 法进行中介检验。基于本研究目的的需要,利用 SPSS 软件 Process 插件中的模型四实证检验多重中介效应。另外,本研究将利用 Stata 软件,基于依次检验法对多重中介效应进行稳健性检验。

6.2 计量检验结果与分析

关于确权的农地流转效应,基于 SPSS 软件中的 Process 插件,利用模型四进行多重中介效应检验,其结果如表 6—8 和图 6—1 所示。其中,确权对农地流转的总效用系数 c_1 为 0.193 6,且下限为 0.138 1,上限为 0.249 2,该区间不包括 0,说明确权对农地流转的总效应是显著的,即在总体上,确权能显著促进农地流转,提高农地流转比例。

表 6—8　　确权对农地流转影响的多重中介效应:Process 检验结果

效应类别	路　径	符　号	Effect	(Boot) SE	95%的置信区间	
					下限	上限
特定中介效应	确权—租金率—农地流转	$\alpha_r\beta_r$	0.009 3	0.005 2	0.000 6	0.021
	确权—亩产值—农地流转	$\alpha_v\beta_v$	0.043 1	0.016 2	0.012 3	0.073 9
	确权—交易费用—农地流转	$\alpha_t\beta_t$	0.000 6	0.002 3	−0.002 3	0.007 1
	确权—禀赋效应—农地流转	$\alpha_e\beta_e$	−0.000 4	0.002	−0.008 7	0.001 6
中介效应对比	租金率—亩产值	$\alpha_r\beta_r-\alpha_v\beta_v$	−0.033 8	0.018 1	−0.068 3	0.001 3
	租金率—交易费用	$\alpha_r\beta_r-\alpha_t\beta_t$	0.009 7	0.005 7	0.000 1	0.022 5
	租金率—禀赋效应	$\alpha_r\beta_r-\alpha_e\beta_e$	0.008 7	0.005 8	−0.001 8	0.021 2
	亩产值—交易费用	$\alpha_v\beta_v-\alpha_t\beta_t$	0.043 5	0.016 1	0.013 6	0.074 9
	亩产值—禀赋效应	$\alpha_v\beta_v-\alpha_e\beta_e$	0.042 5	0.016 4	0.011 3	0.075 1
	交易费用—禀赋效应	$\alpha_t\beta_t-\alpha_e\beta_e$	0.001	0.003	−0.010 8	0.003
间接效应	确权—多重中介效应—农地流转	$\alpha_r\beta_r+\alpha_v\beta_v+\alpha_t\beta_t+\alpha_e\beta_e$	0.052 5	0.016 1	0.021 9	0.085 8
总效应	确权—农地流转	c_1	0.193 6	0.028 2	0.138 1	0.249 2
直接效应	确权—农地流转	β_1	0.141 1	0.031 7	0.078 8	0.203 5

不仅如此,就价格效应(租金率)、生产效应(亩产值)、交易费用和禀赋效应在确权和农地流转之间的中介作用而言,表 6—8 中列出了中介效应的直接检验结果以及中介效应之间的对比结果,图 6—1 列出了中介效应的分步检验结果。

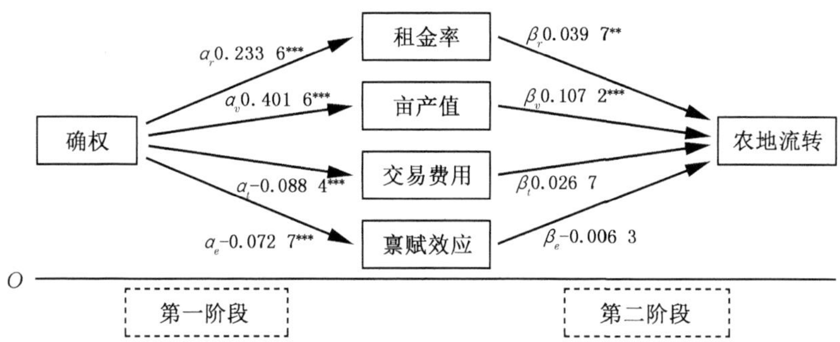

注:* 、** 、*** 分别表示在 10%、5%和 1%的统计水平上显著。

图 6—1 基于多重中介效应确权对农地流转的影响:Bootstrap 方法检验结果

6.2.1 中介效应 1:确权—租金率—农地流转

(1)Process 检验结果分析。

如图 6—1 所示,关于租金率在确权和农地流转之间的中介作用,该实证检验结果表明:首先,在中介效应的第一阶段,确权对租金率的影响系数为 0.233 6,且在 1%的显著水平上通过了检验,表明确权能显著提高农地流转租金率,该结论支持假设 H1a;其次,在中介效应的第二阶段,租金率对农地流转的影响系数为 0.039 7,并在 5%的水平上通过显著性检验,表明租金率的提高会显著激励农地流转,该结论支持假设 H1b。

就租金率在确权和农地流转之间的中介作用而言,如果对租金率的中介效应系数 $\alpha_r\beta_r$ 直接进行检验,则检验结果如表 6—8 所示,即这一特定中介效应的检验系数 $\alpha_r\beta_r$ 为 0.009 3,且下限为 0.000 6,上限为 0.021,该范围不包括 0,即该中介效应显著。因此,确权会显著提高租金率,而租金率的提高会促进农地流转比例的提高,因此,租金率在确权和农地流转之间存在中介作用,即该结论支持假设 H1c。

(2)稳健性分析:基于依次检验法。

本研究利用 Stata 软件,采用依次检验法对租金率在确权和农地流转之间的中介作用进行稳健性分析,结果如表 6—9 所示,在中介效应的第一阶段,确权对租金率的影响,在 1%的水平上通过了显著性检验,说明确权能显著促进租金率,即假设 H1a 的检验结果保持稳健;在中介效应的第二阶段,租金率对农地流转的激励作用,在 1%的水平上通过了显著性检验,说明租金率的提高能显著激励农地流转,即假设 H1b 的检验结果保持稳健。因此,租金率在确权和农地流转之间起到了显著的中介作用,即假设 H1c 的检验结果保持稳健。

表 6—9 租金率在确权和农地流转之间的中介效应检验结果:基于依次检验法

变量类型	变量名称	第一阶段	第二阶段
		租金率	农地流转比例
自变量	确权	0.350***	0.185***
		(3.92)	(6.37)
中介变量	租金率		0.029 0***
			(3.38)
控制变量	户主年龄	0.000 524	0.003 97**
		(0.12)	(2.99)
	户主外出打工时间	−0.000 510	0.026 5*
		(−0.01)	(2.15)
	家庭成员数	−0.125*	−0.017 7
		(−2.03)	(−1.97)
	家庭抚养比	0.198	0.035 3*
		(0.90)	(1.98)
	家庭非农收入	−0.002 46	0.001 99***
		(−0.75)	(3.78)

续表

变量类型	变量名称	第一阶段	第二阶段
		租金率	农地流转比例
控制变量	人均农地面积	−0.068 8	−0.059 4***
		(−1.15)	(−3.42)
	村人均收入	0.204*	−0.000 134
		(2.56)	(−0.02)
	城镇居民人均可支配收入	0.191*	−0.037 5
		(2.56)	(−1.33)
	新农保	0.086 2	−0.018 1
		(0.55)	(−0.44)
	r^2_a	0.186 6	0.356 1

注:*、**、*** 分别表示在 10%、5%和 1%的统计水平上显著。

6.2.2 中介效应 2:确权—亩产值—农地流转

(1)Process 检验结果分析。

确权—亩产值—农地流转的检验结果如图 6—1 所示,结果表明:首先,在中介效应的第一阶段,确权对亩产值的影响系数为 0.401 6,且在 1%的显著水平上通过了检验,表明确权能显著提高农地的亩产值,即确权具有显著的生产效应,该结论支持假设 H2a。其次,在中介效应的第二阶段,亩产值对农地流转影响的系数为 0.107 2,并在 1%的水平上通过显著性检验,说明亩产值会激励农地流转,该结论不支持假设 H2b。由于亩产值的提高虽然在短期里会抑制农地转出并激励农地转入,但是正如理论所述,从长期来看租金率的提高又会激励农地转出,因此,该结论部分支持假设 H2b。产生这一结果的原因可能在于:本研究选取的样本,关于确权时间这一指标的中值为 10 年,平均值为 10.9 年,因此该样本的统计结果很可能体现的是一种长期效应,即确权会通过生产效应促进农地流转。最后,如表 6—8 所示,确权通过亩产值对农地流转的影响,即这一特定中介效应的检验系数为0.043 1,且下限为0.012 3,上限为0.073 9,该范围不包括0,即该中介效应显著。综上所述,确权会显著提高亩产值,而亩产值的提高会促进农地流转,因此,亩产值在确权和农地流转存在中介作用,该结论支持假设H2c。

(2)稳健性分析:依次检验法。

通过依次检验法对亩产值在确权和农地流转之间的中介作用进行稳健性检验,结果如表6—10所示,在中介效应的第一阶段,确权对亩产值的影响在1%的水平上通过了显著性检验,说明确权能显著促进亩产值,即假设H2a的检验结果稳健;在中介效应的第二阶段,亩产值对农地流转比例的提升作用在1%的水平上通过了显著性检验,说明亩产值能显著激励农地流转,即假设H2b的检验结果保持稳健。因此,亩产值在确权和农地流转之间起到了显著的中介作用,即假设H2c的检验结果保持稳健。

表6—10 亩产值在确权和农地流转之间的中介效应检验结果:基于依次检验法

变量类型	变量名称	第一阶段	第二阶段
		亩产值	农地流转比例
自变量	确权	0.410 3***	0.131 7***
		(10.969 1)	(3.951 9)
中介变量	亩产值		0.155 3***
			(4.321 1)
控制变量	户主年龄	—0.004 0**	0.004 6***
		(—1.982 9)	(3.440 5)
	户主外出打工时间	—0.02 08	0.029 7**
		(—0.960 8)	(2.360 0)
	家庭成员数	0.003 4	—0.021 9**
		(0.227 8)	(—2.486 6)
	家庭抚养比	0.084 5**	0.027 9
		(2.394 9)	(1.369 2)

续表

变量类型	变量名称	第一阶段	第二阶段
		亩产值	农地流转比例
控制变量	家庭非农收入	0.000 3	0.001 9***
		(0.319 7)	(3.487 9)
	人均农地面积	0.029 6	−0.066 0***
		(0.820 1)	(−4.012 9)
	村人均收入	0.030 8**	0.001 0
		(2.196 9)	(0.143 1)
	城镇居民人均可支配收入	0.232 7***	−0.068 1**
		(5.498 5)	(−2.396 6)
	农业补贴	−0.016 8	−0.056 4**
		(−0.362 1)	(−2.186 3)
	新农保	−0.082 5	−0.002 7
		(−1.151 1)	(−0.066 8)
	r^2_a	0.355 0	0.352 3

注:*、**、*** 分别表示在10%、5%和1%的统计水平上显著。

6.2.3 中介效应3:确权—交易费用—农地流转

(1)Process检验结果分析。

确权—交易费用—农地流转的检验结果如图6—1所示,结果表明:首先,在中介效应的第一阶段,确权对交易费用的影响系数为−0.088 4,且在5%的显著水平上通过了检验,表明确权能显著降低农地流转交易费用,该结论支持假设H3a。其次,在中介效应的第二阶段,交易费用对农地流转的影响未通过显著性检验,即假设H3b未得到支持。可能的原因在于确权并未对现行的农地产权制度进行实质性的重新安排,因此在促进农地流转交易费用的下降方面,其作用有限、幅度较小,不足以对农地流转产生影响。另外,如表6—8所示,确权通过交易费用的中介作用对农地流转的影响,即这一特定中介效应的检验系数为0.000 6,且下限为－0.002 3,上限为 0.007 1,该范围包括 0,即该中介效应未通过显著性检验。这说明交易费用在确权和农地流转之间不存在显著的中介作用,即假设 H3c 未得到支持。因此,在确权对农地流转的影响机制中,交易费用的中介作用可以忽略不计。

(2)稳健性分析:基于依次检验法。

通过依次检验法对交易费用在确权和农地流转之间的中介作用进行稳健性分析,结果如表 6－11 所示,在中介效应的第一阶段,确权对交易费用的影响系数为负,与预期的符号一致,但是在统计上未通过显著性检验;在中介效应的第二阶段,交易费用的降低对农地流转比例有显著提升作用,在 10%的水平上通过了显著性检验。温忠麟和叶宝娟(2014)认为,在根据依次检验法进行中介效应检验时,如果中介效应的第一步系数 α_t 或第二步系数 β_t 中任有一个系数统计不显著,则建议采用 Bootstrap 法直接检验中介效应系数 $\alpha_t\beta_t$,如果该系数显著,则应认定存在中介效应,但表 6－8 中的检验结果已显示系数 $\alpha_t\beta_t$ 的统计结果仍然不显著,因此交易费用在确权和农地流转之间不存在显著的中介作用,即假设 H3c 的检验结果保持稳健。

表 6－11 交易费用在确权和农地流转之间的中介效应检验结果:基于依次检验法

变量类型	变量名称	第一阶段	第二阶段
		交易费用	农地流转比例
自变量	确权	－0.077 5	0.190 7***
		(－0.382 5)	(6.423 5)
中介变量	交易费用		－0.016 4*
			(－1.773 1)
控制变量	户主年龄	－0.020 1**	0.003 5***
		(－2.195 8)	(2.635 5)
	户主外出打工时间	－0.191 5**	0.023 8*
		(－2.325 5)	(1.894 5)

续表

变量类型	变量名称	第一阶段	第二阶段
		交易费用	农地流转比例
控制变量	家庭成员数	0.077 9	−0.019 8**
		(1.520 2)	(−2.186 2)
	家庭抚养比	−0.268 3**	0.038 8**
		(−2.521 3)	(1.990 1)
	家庭非农收入	−0.001 3	0.001 9***
		(−0.352 5)	(3.469 5)
	人均农地面积	0.199 6	−0.058 6***
		(1.076 9)	(−3.231 0)
	村人均收入	−0.062 7	0.004 8
		(−1.389 0)	(0.682 2)
	城镇居民人均可支配收入	−0.002 8	−0.057 2**
		(−0.013 5)	(−2.193 7)
	农业补贴	−0.413 9	−0.021 7
		(−1.341 8)	(−0.495 1)
	新农保	0.424 2**	−0.023 5
		(2.397 0)	(−0.825 9)
	r^2_a	0.043 6	0.320 9

注:*、**、*** 分别表示在10%、5%和1%的统计水平上显著。

6.2.4 中介效应4:确权—禀赋效应—农地流转

(1)Process 检验结果分析。

确权—禀赋效应—农地流转的检验结果如图6—1所示,结果表明:首先,在中介效应的第一阶段,确权对禀赋效应的影响系数为0.072 7,且在5%的显著水平上通过了检验,表明确权通过提高产权强度,能显著强化农地流转中的禀赋效应,该结论支持假设H4a;其次,在中介效应的第二阶段,禀赋效应对农地流转影响系数为−0.006 3,虽然符号与预期的相一致,但是该结论并未通过显著性检验,即假设 H4b 未得到支持;最后,如表 6—8 所示,确权通过禀赋效应的中介作用对农地流转的影响,即这一特定中介效应的检验系数为—0.000 4,且下限为—0.008 7,上限为 0.001 6,该范围包括 0,即该中介效应不显著。也就是说,虽然确权会显著强化禀赋效应,但禀赋效应在抑制农地流转方面的作用并不显著,因此,禀赋效应在确权和农地流转之间不存在显著的中介作用,即假设 H4c 未得到支持。因此,在确权对农地流转的影响机制中禀赋效应的影响可以忽略不计。

(2)稳健性分析:基于依次检验法。

本研究利用 Stata 软件,采用依次检验法对禀赋效应在确权和农地流转之间的中介作用进行稳健性分析,结果如表 6—12 所示,在中介效应的第一阶段,关于确权对禀赋效应的影响,在统计上未通过显著性检验;在中介效应的第二阶段,禀赋效应对农地流转比例的影响也未能通过显著性检验。根据依次检验法,由于确权对禀赋效应的影响不显著,且禀赋效应对农地流转的影响也不显著,因此禀赋效应在确权和农地流转之间不存在显著的中介作用,说明假设 H4c 的检验结果保持稳健。

表 6—12 禀赋效应在确权和农地流转之间的中介效应检验结果:基于依次检验法

变量类型	变量名称	第一阶段	第二阶段
		禀赋效应	农地流转比例
自变量	确权	—0.020 2	0.196 2***
		(—0.552 4)	(6.835 4)
中介变量	禀赋效应		0.039 0
			(0.861 1)
控制变量	户主年龄	0.000 2	0.004 0***
		(0.095 9)	(2.978 8)
	户主外出打工时间	—0.020 4	0.027 2**
		(—1.174 2)	(2.184 1)

续表

变量类型	变量名称	第一阶段	第二阶段
		禀赋效应	农地流转比例
控制变量	家庭成员数	0.002 7	−0.021 5**
		(0.203 5)	(−2.357 8)
	家庭抚养比	−0.033 4	0.042 3**
		(−1.332 2)	(2.193 1)
	家庭非农收入	−0.001 3	0.002 0***
		(−1.271 2)	(3.667 1)
	人均农地面积	−0.014 2	−0.060 8***
		(−0.560 6)	(−3.482 9)
	村人均收入	−0.001 8	0.005 9
		(−0.194 4)	(0.819 3)
	城镇居民人均可支配收入	−0.092 5**	−0.055 4**
		(−2.103 1)	(−2.050 7)
	农业补贴	−0.015 0	−0.015 0
		(−0.245 0)	(−0.352 3)
	新农保	−0.038 1	−0.030 5
		(−0.911 0)	(−1.086 5)
	r^2_a	0.024 5	0.316 8

注:*、**、*** 分别表示在10%、5%和1%的统计水平上显著。

表6−8中,不仅列出了基于Process插件利用Bootstrap方法对特定中介效应(影响路径)的检验结果,而且列示了以下内容:

①总间接效应(总效应是指总间接效应加上直接效应,总间接效应是指多个间接效应即中介效应的综合)。

总间接效应为租金率、亩产值、交易费用和禀赋效应四个变量在确权和农地流转之间的总体中介效应,其系数 $\alpha_r\beta_r+\alpha_v\beta_v+\alpha_t\beta_t+\alpha_e\beta_e$ 为0.052 5,且上限为0.021 9,下限为0.085 8,该范围未包括0,说明这四种中介变量总体上在确权和农地流转之间起到中介作用。

②直接效应。

确权对农地流转的直接效应,即控制租金率、亩产值、交易费用和禀赋效应的中介作用后确权制度本身对农地流转的“净影响”,结果显示直接效应的系数 β_1 为 0.141 1,下限为 0.078 8,上限为 0.203 5,该范围未包括 0,说明确权制度本身对农地流转有显著的促进作用,即租金率、亩产值、交易费用和禀赋效应在确权和农地流转之间只起到部分中介效应。当然,通过表 6—9、表 6—10、表 6—11 和表 6—12 所列示的检验结果可知,确权对农地流转的直接效应在以上四种中介效应检验结果中均保持稳健,证明这四种中介变量在确权和农地流转之间的部分中介效应检验结果保持稳健。

6.3 实证检验结果汇总及小结

本章对于第五章提出的研究假设用入户调查问卷得到的数据进行了实证检验,其中,有的假设得到了支持,有的假设未得到支持,以下是具体的验证结果汇总和小结。

6.3.1 实证检验结果汇总

本部分的实证检验结果汇总如表 6—13 所示。

表 6—13 研究假设的检验结果汇总

项目	假设内容	检验结果
H1a	确权能显著提高农地流转租金率	成立
H1b	农地流转租金率的提高会激励农地流转	成立
H1c	租金率在确权和农地流转之间起到显著的中介作用	成立
H2a	确权能显著提高农地亩产值	成立
H2b	农地亩产值的提高会在短期抑制农地转出	部分成立

续表

项目	假设内容	检验结果
H2c	亩产值在确权和农地流转之间起到显著的中介作用	成立
H3a	确权能显著降低农地流转交易费用	成立
H3b	农地流转交易费用的降低会激励农地流转	不成立
H3c	交易费用在确权和农地流转之间起到显著的中介作用	不成立
H4a	确权能显著增强农地流转中的禀赋效应	成立
H4b	农地流转中的禀赋效应会抑制农地流转	不成立
H4c	禀赋效应在确权和农地流转之间起到显著的中介作用	不成立

6.3.2 小结

本书以前人的研究成果为基础,并支持主流的研究结论,即确权对农地承包经营权流转有显著的激励作用,在此基础上,进一步分析确权是如何影响农地流转的。在前文对确权的农地流转效应进行理论分析的基础上,本章主要针对第五章中提出的关于多重中介效应的研究假设,通过对来自浙江省农户的调研数据,基于 SPSS 软件中的 Process 插件,利用 Bootstrap 法进行了实证检验,具体来说,主要实证检验了价格效应(租金率)、生产效应(亩产值)、交易费用效应和禀赋效应在确权和农地流转之间的中介作用,并基于 Stata 软件利用依次检验法对验证结果进行了稳健性检验,得出的主要结论包括:

(1)总效应。

确权在促进农地流转方面的总效应是显著的,即确权提高了农地流转比例。

(2)中介效应。

价格效应、生产效应、交易费用和禀赋效应总体上在确权和农地流转之间起到中介作用,即总中介效应是显著的。具体如下:首先,就价格效应而言,确权能显著提高农地流转租金率,而租金率的提高显著激励农地转出,因此,价格效应在确权和农地流转之间起到了显著的中介作用。其次,就生产效应而言,确权能显著提高农地亩产值,而亩产值的提高长期显著激励农地转出,因此,生产效应在确权和农地流转之间起到了显著的中介作用。最后,交易费用和禀赋效应在确权和农地流转之间的中介作用不显著,可能的原因在于我国农地确权只是对农地权利的进一步明确,而对农地产权结构并未做实质性变动,因此,其交易费用和禀赋效应有限,即确权并未能通过此两种中介作用促进农地流转。以上结论说明确权主要是通过价格效应(租金率)和生产效应(亩产值)促进农地流转,而交易费用和禀赋效应的中介作用可以忽略不计。

(3)直接效应。

本研究通过控制四种中介效应得到确权自身对农地流转的“净效应”,结果表明确权对农地流转的影响即直接效应是显著的,这说明本研究中的中介变量起到部分中介作用。

综上所述,确权对农地流转的影响机制包括三个路径:确权本身对农地流转的直接影响;确权通过价格效应,即提高农地流转租金率,提高农地流转比例;确权可以通过生产效应,即提高亩产值,从而长期激励农地转出。

7　确权对农地流转的影响：基于不同确权方式的实证检验

现阶段我国农地确权方式大致可分为确权确地和确权不确地两种。确权确地是指农户承包地有明确的位置，即每一农地的地块具有准确的“四至”；确权不确地是指农户承包地只确定面积或者份额，农地“四至”并不明确，其收益根据面积或份额进行分配。笔者在上文考察确权对农地流转影响的基础上，进一步关注不同确权方式对农地流转影响的差异。从逻辑上不难理解，尽管确权确地和确权不确地都是对农户的土地权利进行确立，但这两种确权方式对农地流转的作用会存在差异。正如前文理论部分所述，确权对农地流转的影响主要基于价格效应、生产效应、交易费用和禀赋效应的中介作用，但是在不同的确权方式下，确权的价格效应、生产效应、交易费用效应和禀赋效应均有明显的差异性，从而，不同确权方式的农地流转效应存在差异。因此，本章主要利用来自农户的问卷调查数据实证检验两种确权方式的农地流转效应差异，以验证第五章中提出的相关研究假设。

7.1　研究设计

7.1.1　数据来源和地区分布

本研究中的数据，除了城镇居民人均年收入和城镇化率这两项指标来自浙江省统计年鉴外，其他数据来源与本书的第六章相同。

本次调研共发放问卷 700 份，回收有效问卷 522 份，其中，确权样本 354 份，占总样本的 67.82%，未确权样本 168 份，占总样本的 32.18%；在确权样本中,确权确地样本 236 份,占总确权样本的 66.67%,确权不确地样本 118 份,占总确权样本的 33.33%;流转样本为 150 份,占总样本的 42.37%,未流转样本为 204 份,占总样本的 57.63%。关于确权样本农户的地区分布情况如表 7—1 所示,其中包括流转情况和确权方式情况的样本地区分布。

表 7—1　　确权样本农户的地区分布状况　　单位:份

地　区	流转与否		确权方式	
	流转	未流转	确权确地	确权不确地
杭州	12	29	29	12
宁波	24	26	38	12
绍兴	9	21	10	20
舟山	19	20	30	9
温州	15	22	26	11
台州	8	13	14	7
金华	6	2	7	1
湖州	15	14	15	14
衢州	11	17	19	9
丽水	31	40	48	23
合　计	150	204	236	118

7.1.2　变量选择和描述性统计

(1)变量选择和描述性统计。

在考察确权对农地流转的影响时,因变量为农地流转概率和农地流转比例,其中农地流转比例是指农户家庭层面上的流转总面积和农户家庭承包总面积之比,农地流转概率是指农户选择农地转出行为的可能性;自变量为虚拟变量确权与否。在考察确权方式对农地流转的影响时,因变量同上;自变量为确权方式,确权方式包括确权确地和确权不确地两种。相关控制变量主要有:①户主特征,主要包括户主年龄和户主外出打工的时间。②家庭特征,主要包括家庭成员数、家庭抚养比、家庭人均农地面积、家庭农业固定资产价值、家庭非农收入比例。其中家庭农业固定资产的专用性使得农户家庭拥有的农业固定资产价值越大,从事非农就业的损失就越大,即转出农地的机会成本越大,因此农地转出概率越低,即家庭农业专用性资产会负向激励农地转出;家庭非农收入比例越高,家庭主要劳动力从事农业生产的可能性越低,农地转出概率和比例越高,即家庭非农收入正向激励农地转出。③环境特征,主要包括村人均年收入、村庄交通位置的便利性、城镇居民人均可支配收入和城镇化率。其中,村庄交通位置的便利性采用主流的测度方法,即该村离公交站(火车站/中心镇等)的最近距离,该距离越短则位置便利性越好。一方面,村庄的交通位置越便利,农民越容易找到非农就业机会,即农民兼业化或离农化的可能性越大,越倾向于转出农地。另一方面,村庄的交通位置越便利,外部的农业信息越容易传递到农户手中,不仅如此,良好的地理位置往往有利于农产品流通,从而,更利于发展农业生产,不利于农地转出。因此,村庄交通位置的便利性对农地流转的影响具有不确定性。④政策特征,主要包括农户是否享受农业补贴、新农保。新农保的实施在一定程度上为农户解决了“后顾之忧”,对于参加新农保的农户而言,农地承担的社会保障功能更小,因此该类农户对农地的“依恋情绪”较弱,更倾向于农地转出。另外,正如前文所述,农业补贴对农地流转的影响还取决于补贴的对象。相关变量名称、预期符号、定义和统计性描述详见表 7—2。

表 7—2　　　　变量名称、预期符号、定义和统计性描述

变量名称	预期符号	变量定义	min	max
确权	+	未确权=0,确权=1	0	1
确权方式	+	确权确地=0,确权不确地=1	0	1
年龄(周岁)	+	户主的实际年龄	24	86
户主外出打工情况	+	见编码(1)	1	4
家庭成员数(人)	+	家庭的成员人数	0	10
家庭抚养比	—	非劳动年龄人口数对劳动年龄人口数之比	0	5

续表

变量名称	预期符号	变量定义	min	max
人均农地面积(亩/人)	+	家庭农地总承包面积/家庭成员数	0.03	15
家庭农业固定资产(万元)	−	家庭中用于农业生产的固定资产总值	0	40
家庭非农收入比例(%)	+	家庭的年非农收入/家庭年总收入	0	100
村人均年收入(万元)	−	该村2016年人均年收入	0.20	10.30
村庄交通位置的便利性(公里)	+/−	该村离公交站(火车站/中心镇等)的最近距离	0	40
城镇居民人均可支配收入(万元)	+	农户所在地级市2016年城镇居民人均可支配收入	3.29	4.83
农业补贴	+	已获得=1,未获得=0	0	1
新农保	+	已实行=1,未实行=0	0	1

注:

编码(1):没有外出打工=1;大部分时间在家务农、少部分时间在外打工=2;少部分时间在家务农,大部分时间在外打工=3;常年外出打工=4。

(2)确权方式对农地流转及中介效应影响的描述性统计。

确权方式对农地流转的影响,包括对农地流转概率和对农地流转比例影响两个方面;确权方式对中介效应的影响,包括对租金率、亩产值、交易费用和禀赋效应四个方面,其描述性统计结果如表7−3所示。其中交易费用指标是根据第六章所述的因子分析法得到交易费用的三阶段公因子,即搜寻信息费用因子、谈判费用因子和合约执行费用因子,而后对其进行加总形成的交易费用因子。该结果显示,确权确地组中农地流转概率的均值为0.48,而确权不确地组中农地流转概率的均值为0.85,即确权不确地组比确权确地组的农地流转的可能性更大;确权确地组的农地流转比例均值为0.347 9,而确权不确地组的农地流转比例均值为0.691 1,即确权不确地比确权确地组平均农地流转比例更高;确权确地组的平均租金率为713.60,而确权不确地组的平均租金率为1 037.23,即确权不确地组的平均租金率高于确权确地组;确权确地组的平均年亩产值为

2 157.28,而确权不确地组的平均年亩产值为 2 203.83,即确权不确地组的平均亩产值高于确权确地组;确权确地组的平均交易费用系数为 0.387 6,而确权不确地组的平均交易费用系数为 0.858 1,即确权不确地组的平均租金率高于确权确地组的平均租金率,可能的原因在于该确权方式在降低交易费用方面的优势主要体现在执行费用和再谈判费用上,而前期的谈判费用往往因为农地流转规模较大以及流转对象为陌生的市场主体,利益分配较复杂,而表现出较高的交易费用;确权确地组的平均禀赋效应系数为 1.169 4,而确权不确地组的平均禀赋效应系数率为 1.138 8,即确权不确地组的平均禀赋效应略低于确权确地组,总体而言,在这两种确权方式下,农地流转市场中的禀赋效应差异较小。

表 7—3　　确权方式对农地流转及中介变量影响的描述性统计结果

确权方式		农地流转概率	农地流转比例	租金率	亩产值	交易费用	禀赋效应
确权确地	均值	0.48	0.347 9	713.60	2 157.28	0.387 6	1.169 4
	N	236	236	236	236	236	236
	标准差	0.501	0.412 81	301.240	334.861	1.615 06	0.252 64
确权不确地	均值	0.85	0.691 1	1 037.23	2 203.83	0.858 1	1.138 8
	N	118	118	118	118	118	118
	标准差	0.354	0.363 02	1 274.693	354.344	1.679 70	0.283 36
总　计	均值	0.60	0.454 7	814.31	2 171.77	0.000 0	1.173 9
	N	354	354	354	354	354	354
	标准差	0.491	0.428 11	766.267	341.187	1.732 05	0.262 23

7.1.3　主要变量相关性分析

该研究主要变量之间的相关性用 Spearman 系数来测度,结果如表 7—4 所示,其中最高的相关系数为 0.527 8,各相关系数均远在 0.8 以下,另外,通过进一步考察方差膨胀因子(VIF),发现取值介于 1.03～1.67,说明这些自变量有良好的区别效度,不存在明显的多重共线性问题。

表 7—4 主要变量的 Spearman 相关性分析结果

	确权方式	年龄	户主外出打工情况	家庭成员数	家庭抚养比	人均农地面积	家庭农业固定资产	家庭非农收入比例	村人均年收入	村庄交通位置的便利性	城镇居民人均可支配收入	农业补贴	新农保
确权方式	1												
年龄	−0.053 3	1											
户主外出打工情况	0.027 2	−0.382 4*	1										
家庭成员数	0.011 4	0.135 9*	−0.080 5	1									
家庭抚养比	0.015 1	0.154 5*	−0.213 5*	0.226 2*	1								
人均农地面积	0.071 7	−0.005 5	−0.205 5*	−0.246 2*	−0.045 5	1							
家庭农业固定资产	0.050 5	0.133 7*	−0.344 1*	0.149 8*	0.077 5	0.136 4*	1						
家庭非农收入比例	−0.026 9	−0.156 7*	0.502 9*	0.025 1	−0.142 9*	−0.358 8*	−0.527 8*	1					
村人均年收入	0.033 8	0.037 4	−0.071 9	0.112 1*	−0.042 8	0.189 3*	0.105 9*	−0.095 8*	1				
村庄交通位置的便利性	−0.014 2	−0.058	0.042 5	−0.064 5	−0.016 8	−0.072 8	−0.124 1*	0.133 3*	−0.271 1*	1			
城镇居民人均可支配收入	−0.127 4	0.114 8*	0.111 8*	−0.097 8*	−0.049 4	−0.180 2*	−0.137 9*	0.154 7*	−0.290 0*	0.239 5*	1		
农业补贴	0.030 4	0.004 4	−0.147 2*	0.138 4*	0.084 2	0.175 5*	0.157 9*	−0.154 0*	0.109 2*	−0.176 0*	−0.148 4*	1	
新农保	−0.018 0	−0.074 1	0.110 1*	−0.049 2	−0.073 2	0.037 1	−0.127 6*	0.162 4*	−0.114 0*	0.025 7	0.078 2	0.074 6	1

注：*、**、*** 分别表示在 10%、5%和 1%的统计水平上显著。

7.1.4 模型设定

在考察确权对农地流转概率的影响时,将模型设定为式(7—1),在考察确权对农地流转比例的影响时,将模型设定为式(7—2),其中,式(7—1)中的 p 表示农户进行农地流转的概率,$1-p$ 表示农户不进行农地流转的概率,$cirrate$ 表示农地流转比例,即农户家庭的农地流转面积和农户的总承包面积之比,D 为确权与否变量,$hold$ 为户主特征变量,$fami$ 为家庭特征变量,env 为环境特征变量,$policy$ 为宏观政策变量。

$$\ln(p/1-p)=a_0+a_1D+a_2hold+a_3fami+a_4env+a_5policy+\mu \tag{7—1}$$

$$cirrate=\alpha_0^*+\alpha_1^*D+\alpha_2^*hold+\alpha_3^*fami+\alpha_4^*env+\alpha_5^*policy+\mu^* \tag{7—2}$$

在考察确权方式对农地流转概率的影响时,设定为式(7—3),在考察确权方式对农地流转比例的影响时,设定为式(7—4),其中 D^* 为确权方式变量。

$$\ln(p/1-p)=\beta_0^*+\beta_1^*D^*+\beta_2^*hold+\beta_3^*fami+\beta_4^*env+\beta_5^*policy+\delta \tag{7—3}$$

$$cirrate=\beta_0^*+\beta_1^*D^*+\beta_2^*hold+\beta_3^*fami+\beta_4^*env+\beta_5^*policy+\delta^* \tag{7—4}$$

7.2 计量检验结果与分析

确权对农地流转概率、农地流转比例影响的检验结果分别如表 7—5 和 7—6 所示,确权方式对农地流转概率和农地流转比例的影响检验结果分别如表 7—7 和 7—8 所示。另外,本部分还对以上检验结果基于户主年龄和户主打工情况做了分样本稳健性检验,其检验结果具有稳健性。并且,控制变量的符号与预期基本一致。

7.2.1　确权对农地流转的影响

(1)确权对农地流转概率的影响。

表7—5中的检验结果是关于确权对农地流转概率的影响,其中模型(1)是关于确权对农地流转影响的全样本Logit模型检验结果,即以确权与否作为自变量,农地流转与否作为因变量,户主特征、家庭特征、环境特征、宏观政策层面变量作为控制变量。结果表明,确权在1%的显著水平上通过了检验,说明确权能显著提高农地流转的概率,该验证结论部分地支持假设H5。

虽然从理论上,确权通过价格效应、生产效应、交易费用和禀赋效应的中介作用,共同影响农地流转,并且由于这四种中介起作用的方向不同,因此确权对农地流转的作用不确定,但是基于浙江的数据从经验上表明确权能显著促进农地流转,这说明确权对农地流转的正向作用超过负向作用,即确权总体上对农地流转起到促进作用。这一验证结论可能的原因正如第六章的实证结论所示,即确权通过强化禀赋效应抑制农地流转的作用并不显著,可以忽略不计,而确权通过生产效应对农地流转的短期抑制作用也不存在,相反,而是在长期起到了促进农地流转的作用。也就是说,确权主要通过价格效应和生产效应促进农地流转。

模型(2)和模型(3)是基于户主年龄特征的分样本检验结果,确权均在5%的显著水平上通过了检验,检验结果保持稳健,且在户主年龄为55岁以上的分样本检验中,确权的系数为0.754 1,高于在55岁以下分样本检验结果中的系数0.492 8,可能的原因在于年龄超过55岁的户主由于其务农能力有限,并且对于这类农户来说,农地往往承担了更多的社会功能,农地功能的不可替代性更强,但是该类农户往往维权能力不足,因此,农户的"惜地"倾向更严重。然而,确权使交易环境变得较安全,因此确权后农地转出的效应更明显;模型(4)和模型(5)是基于户主外出打工情况的分样本检验结果,确权分别在10%和1%的显著水平上通过了检验,检验结果保持稳健,且在户主常年外出打工的分样本检验中,确权的系数为

1.011 4,高于户主未常年外出打工的农户组,可能的原因在于户主常年外出打工的农户,其潜在转出需求更强,并且该类农户往往需要对农地进行长期转出,因此他们又存在农地长期流转而导致失地的顾虑,而确权提高了农地产权安全性,降低了农户由于转出农地而导致失地的风险,因此,在该分样本检验中,确权的农地转出效应更大。以上分样本检验结果表明,对假设 H5 的检验结果保持稳健。另外,为了避免异方差带来的问题,本书中所有模型的回归结果均采用异方差稳健标准误。

表 7—5　　确权与农地流转概率:Logit 模型全样本和分样本检验结果

	变量	(1)全样本	户主年龄分样本		户主外出打工分样本	
			(2)户主年龄<55 岁	(3)户主年龄≥55 岁	(4)户主常年外出打工	(5)户主未常年外出打工
自变量	确权	0.575 5***	0.492 8**	0.754 1**	1.011 4***	0.455 3*
		(2.939 7)	(1.966 9)	(2.266 1)	(2.814 9)	(1.861 3)
户主特征	户主年龄	0.028 2***	0.034 2	0.042 9*	0.039 5*	0.025 0**
		(2.801 5)	(1.517 7)	(1.696 0)	(1.872 0)	(2.069 4)
	户主外出打工时间	0.317 5***	0.302 7***	0.337 1**	0.025 4	0.206 6
		(3.616 1)	(2.620 9)	(2.228 8)	(0.006 7)	(1.472 8)
家庭特征	家庭成员数	0.119 9*	0.118 5	0.173 7*	0.043 2	0.149 9*
		(1.725 7)	(0.965 2)	(1.716 5)	(0.272 4)	(1.854 9)
	家庭抚养比	−0.219 8*	0.182 0	−0.433 5***	0.371 6	−0.356 3**
		(−1.956 6)	(0.847 7)	(−2.801 1)	(1.129 5)	(−2.504 8)
	人均农地面积	0.183 1*	0.075 3	0.603 2**	1.286 9**	0.170 6
		(1.740 2)	(0.707 6)	(2.115 2)	(2.194 4)	(1.597 4)
	家庭农业固定资产	−0.038 5	−0.014 8	−0.084 6	−0.026 5	−0.068 5*
		(−1.236 6)	(−0.365 5)	(−1.444 7)	(−0.268 4)	(−1.796 3)
	家庭非农收入	0.007 5**	0.005 0	0.010 3	−0.007 1	0.007 9**
		(2.064 6)	(1.028 7)	(1.557 9)	(−0.324 4)	(2.026 3)
环境特征	村庄交通位置的便利性	−0.024 1	−0.008 8	−0.039 5*	−0.019 1	−0.030 9*
		(−1.278 1)	(−0.445 9)	(−1.936 7)	(−0.846 3)	(−1.652 0)
	村人均收入	−0.111 5**	−0.068 1	−0.193 5**	−0.024 4	−0.140 6**
		(−2.095 6)	(−1.073 1)	(−1.970 5)	(−0.277 4)	(−2.019 1)

续表

	变量	(1)全样本	户主年龄分样本		户主外出打工分样本	
			(2)户主年龄<55 岁	(3)户主年龄≥55 岁	(4)户主常年外出打工	(5)户主未常年外出打工
	城镇居民人均可支配收入	0.088 4	0.103 3	0.043 2	0.354 0	0.031 5
		(0.434 9)	(0.418 3)	(0.123 8)	(0.877 1)	(0.133 0)
宏观政策	农业补贴	0.271 7	0.203 7	0.314 2	0.525 5	0.142 1
		(1.319 8)	(0.782 0)	(0.901 5)	(1.476 9)	(0.550 2)
	新农保	−0.241 9	−0.025 7	−0.377 4	−0.084 6	−0.319 4
		(−0.792 4)	(−0.059 7)	(−0.816 2)	(−0.138 4)	(−0.866 7)
	N	522	313	209	189	333
	Pseudo R^2	0.064 4	0.058 5	0.170 8	0.103 3	0.087 1

注:*、**、*** 分别表示在10%、5%和1%的统计水平上显著。

(2)确权对农地流转比例的影响。

表7—6中的检验结果是关于确权对农地流转比例的影响,其中模型(6)是关于全样本OLS模型检验结果,即以确权与否作为自变量,农地流转比例作为因变量,户主特征、家庭特征、环境特征、宏观政策层面变量作为控制变量。结果表明,确权在1%的显著水平上通过了检验,说明确权能显著提高农地流转比例,该验证结论部分地支持假设H5;模型(7)和模型(8)是基于户主年龄特征的分样本检验结果,其中,在年龄小于55岁的分样本中,确权在10%的显著水平上通过了检验,年龄大于55岁的分样本中,确权在5%的显著水平上通过了检验。另外,在户主年龄为55岁以上的分样本检验中,确权的系数0.122 8高于在55岁以下分样本检验结果中的系数0.089 8,可能的原因同上;模型(9)和模型(10)是基于户主外出打工情况的分样本检验结果,确权均在5%的显著水平上通过了检验,且在户主常年外出打工的分样本检验中,确权的系数为0.159 8,高于户主未常年外出打工的农户组。以上分样本检验结果表明,对假设H5的检验结果保持稳健。

表 7—6　　确权与农地流转比例:OLS 模型全样本和分样本检验结果

	变量	(6)全样本	户主年龄分样本		户主外出打工分样本	
			(7)户主年龄<55 岁	(8)户主年龄≥55 岁	(9)户主常年外出打工	(10)户主未常年外出打工
自变量	确权	0.107 5***	0.089 8*	0.122 8**	0.159 8**	0.086 0**
		(2.995 0)	(1.880 4)	(2.187 2)	−2.203 4	(2.181 3)
户主特征	户主年龄	0.006 7***	0.006 7	0.007 3*	0.008 3**	0.005 8***
		(3.781 2)	(1.536 8)	(1.747 6)	−2.19	(2.949 5)
	户主外出打工时间	0.079 6***	0.084 1***	0.073 5**	0.030 6	0.016 7
		(4.771 4)	(3.803 5)	(2.593 0)	(0.601 2)	(0.678 0)
家庭特征	家庭成员数	0.001 3	0.008 3	−0.004 1	−0.004 4	0.002 8
		(0.106 4)	(0.354 6)	(−0.251 7)	(−0.137 3)	(0.213 1)
	家庭抚养比	−0.017 2	0.033 8	−0.030 4	0.061 5	−0.038 7**
		(−0.902 6)	(0.900 6)	(−1.241 4)	−1.339 9	(−2.008 4)
	人均农地面积	0.019 5	0.008 9	0.056 2*	0.110 9	0.017 3
		(1.470 4)	(0.539 8)	(1.683 2)	−1.518 7	(1.483 0)
	家庭农业固定资产	−0.001 7	0.000 5	−0.004 1	−0.000 9	−0.005 2
		(−0.361 2)	(0.064 9)	(−0.883 2)	(−0.066 6)	(−1.376 8)
	家庭非农收入	0.002 5***	0.002 0***	0.003 4***	0.000 6	0.002 6***
		(4.340 8)	(2.668 4)	(3.334 3)	−0.159 4	(4.307 8)
环境特征	村庄交通位置的便利性	−0.007 9***	−0.006 8**	−0.009 0***	−0.008 4**	−0.007 2***
		(−3.771 5)	(−2.419 1)	(−4.013 2)	(−2.421 4)	(−3.432 3)
	村人均收入	−0.016 1	−0.004 0	−0.038 0**	−0.002 3	−0.021 3*
		(−1.608 6)	(−0.320 0)	(−2.462 9)	(−0.123 2)	(−1.910 3)
	城镇居民人均可支配收入	−0.004 3	0.007 5	−0.027 4	0.052 4	−0.028 5
		(−0.118 5)	(0.165 9)	(−0.461 7)	−0.622 1	(−0.726 7)
宏观政策	农业补贴	0.013 9	−0.010 8	0.034 9	0.053 6	0.003 2
		(0.363 9)	(−0.215 6)	(0.572 7)	−0.736	(0.070 7)
	新农保	−0.045 6	0.021 9	−0.100 6	−0.000 5	−0.059 1
		(−0.843 5)	(0.267 5)	(−1.291 6)	(−0.004 0)	(−0.965 6)
	N	522	313	209	189	333
	r^2_a	0.147 1	0.115 1	0.178 1	0.043 1	0.105 1

7.2.2　确权方式对农地流转的影响

(1)确权方式对农地流转概率的影响。

关于确权方式对农地流转概率的影响,其计量检验结果如表7—7所示。全样本模型(11)的计量检验结果显示,确权不确地在1%的显著水平上通过了检验。这表明,与确权确地相比,确权不确地在提高农地流转概率方面的作用更大,因此,该结论支持假设H6。

基于户主年龄特征的分样本检验模型(12)和模型(13)的计量检验结果表明,检验结果保持稳健。具体而言,在户主年龄小于55岁的分样本检验和户主年龄大于55岁的分样本检验中,确权方式均在1%的水平上通过了显著性检验,且户主年龄低于55岁的分样本检验中系数为2.055 4,大于户主年龄高于55岁的分样本检验中的系数1.905 4,这表明,确权不确地对低年龄组农地流转的促进作用更大;基于户主外出打工情况的分样本检验模型(14)和模型(15)的计量结果表明,检验结果保持稳健。具体而言,户主未常年外出打工的分样本检验系数为2.298 5,高于户主常年外出打工的分样本检验系数为1.561 1,这同样表明,对户主未常年外出打工的农户而言,确权不确地对促进农地流转的作用更显著。

最后,结合模型(2)至模型(5)中的检验结果,可以看出,对户主年龄高于55岁或者户主常年外出打工的农户而言,确权在提高农地流转概率方面的作用更大,但是对户主年龄低于55岁或者户主未常年外出打工的农户而言,与确权确地相比,确权不确地在提高农地流转概率方面的作用更大。以上分样本检验结果表明,对假设H6的检验结果保持稳健。

表7—7　确权方式与农地流转概率:Logit模型全样本和分样本检验结果

	变量	(11)全样本	户主年龄分样本		户主外出打工分样本	
			(12)户主年龄<55岁	(13)户主年龄≥55岁	(14)户主常年外出打工	(15)户主未常年外出打工
自变量	确权方式	1.906 9***	2.055 4***	1.905 4***	1.561 1***	2.298 5***
		(5.532 5)	(4.277 3)	(3.452 1)	(3.268 5)	(4.489 5)

续表

	变量	(11)全样本	户主年龄分样本		户主外出打工分样本	
			(12)户主年龄<55 岁	(13)户主年龄≥55 岁	(14)户主常年外出打工	(15)户主未常年外出打工
户主特征	户主年龄	0.032 7**	0.030 3	0.040 4	0.064 3**	0.022 5
		(2.413 3)	(0.924 6)	(1.427 2)	(2.468 6)	(1.221 5)
	户主外出打工时间	0.400 9***	0.317 8*	0.508 4**	0.452 7	0.095 7
		(3.328 1)	(1.948 4)	(2.504 2)	(0.963 0)	(0.151 0)
家庭特征	家庭成员数	0.186 9**	0.179 1	0.264 5**	0.022 3	0.370 8***
		(2.107 1)	(1.040 1)	(2.070 3)	(0.134 9)	(2.867 0)
	家庭抚养比	−0.165 8	0.437 7	−0.435 8**	0.594 7	−0.419 7**
		(−1.244 5)	(1.059 1)	(−2.344 3)	(1.125 8)	(−2.161 3)
	人均农地面积	0.334 2**	0.251 9	0.724 2	0.667 9	0.445 9**
		(2.554 0)	(1.260 1)	(1.605 5)	(1.326 1)	(2.431 7)
	家庭农业固定资产	−0.084 8**	−0.075 0	−0.064 1	−0.041 3	−0.165 9***
		(−2.310 5)	(−1.172 9)	(−1.050 2)	(−0.692 2)	(−2.584 0)
	家庭非农收入	0.008 7*	0.018 8**	−0.000 2	0.033 0**	0.000 5
		(1.842 1)	(2.563 3)	(−0.019 4)	(2.069 6)	(0.097 9)
环境特征	村庄交通位置的便利性	−0.013 1	−0.009 8	−0.014 9	−0.037 7	0.046 7
		(−0.542 0)	(−0.157 2)	(−0.595 0)	(−1.427 7)	(1.015 8)
	村人均收入	−0.032 4	0.008 6	−0.065 6	−0.076 9	0.045 2
		(−0.463 7)	(0.094 1)	(−0.570 8)	(−0.878 0)	(0.382 5)
	城镇居民人均可支配收入	0.211 1	0.171 8	0.179 9	−0.078 7	0.806 6*
		(0.807 0)	(0.513 2)	(0.376 0)	(−0.211 1)	(1.831 5)
宏观政策	农业补贴	0.312 3	0.631 6	−0.178 1	0.563 0	0.410 0
		(1.140 5)	(1.611 8)	(−0.378 3)	(1.417 5)	(0.932 0)
	新农保	−0.528 8	0.166 5	−0.557 5	−0.155 0	−0.448 8
		(−1.267 0)	(0.244 3)	(−0.858 4)	(−0.195 7)	(−0.742 2)
	N	331	189	142	176	155
	r^2_a	0.186 6	0.214 9	0.211 9	0.182 6	0.237 2

注:*、**、*** 分别表示在 10%、5%和 1%的统计水平上显著。

(2)确权方式对农地流转比例的影响。

关于确权方式对农地流转比例的影响,其计量检验结果如表 7—8 所示。首先,全样本模型(16)的计量检验结果显示,确权不确地在1%的显著水平上通过了检验。这表明,与确权确地相比,确权不确地在提高农地流转比例方面的作用更大,因此,该结论支持假设H6。其次,基于户主年龄特征的分样本检验模型(17)和模型(18)的计量检验结果表明,检验结果保持稳健。户主年龄小于55岁的分样本检验系数为0.064 9,且在10%的水平上通过显著性检验,而户主年龄大于55岁的分样本检验系数为0.321 7,且在1%的水平上通过显著性检验,结合模型(12)至模型(15),说明在低年龄组中,确权不确地比确权确地更能提高农地流转的概率,但是在高年龄组中,确权不确地对农地流转比例的促进作用更大。最后,户主外出打工分样本检验模型(19)和模型(20)的计量检验结果表明,户主未常年外出打工的分样本系数为0.381 0,且在1%的水平上通过了显著性检验,因此,检验结果具有稳健性。另外,户主常年外出打工的分样本未通过显著性检验,结合模型(4)、模型(5)、模型(9)和模型(10)的检验结果表明,确权能较大幅度地促进农地流转,可能的原因在于:尽管确权不确地通常比确权确地的租金率更高,从而促进农地流转的作用更大,但由于该类农户的农业收入在其家庭总收入中的占比较低,因此农地的租金收入并不是影响其农地转出行为的决定性因素,从而确权不确地和确权确地在促进农地流转方面并无显著差别,即由于该类农户对农地流转租金价格不敏感,因此,租金率在确权和农地流转之间的中介作用在该分样本中可能是微不足道的。以上分样本检验结果表明,对假设H6的检验结果保持稳健。

表7—8　确权方式与农地流转比例:OLS模型全样本和分样本检验结果

	变量	(16)全样本	户主年龄分样本		户主外出打工分样本	
			(17)户主年龄<55岁	(18)户主年龄≥55岁	(19)户主常年外出打工	(20)户主未常年外出打工
自变量	确权方式	0.093 6**	0.064 9*	0.321 7***	0.043 2	0.381 0***
		(1.993 7)	(1.732 5)	(4.042 9)	(1.271 1)	−5.426 7
户主特征	户主年龄	0.008 2***	0.007 8	0.009 7**	0.013 5***	0.006 1**
		(3.715 0)	(1.357 5)	(2.172 9)	(3.783 0)	−2.308 7

续表

	变量	(16)全样本	户主年龄分样本		户主外出打工分样本	
			(17)户主年龄＜55岁	(18)户主年龄≥55岁	(19)户主常年外出打工	(20)户主未常年外出打工
	户主外出打工时间	0.083 1***	0.071 3***	0.095 4***	0.165 4**	−0.055 3
		(4.239 7)	(2.623 4)	(3.042 5)	(2.404 4)	(−0.709 5)
家庭特征	家庭成员数	0.006 2	0.005 0	0.011 6	−0.009 9	0.028 5*
		(0.437 3)	(0.172 1)	(0.641 4)	(−0.354 2)	−1.656 5
	家庭抚养比	−0.006 4	0.055 5	−0.017 2	0.054 2	−0.025 7
		(−0.256 0)	(1.007 6)	(−0.644 0)	(1.340 2)	(−1.200 7)
	人均农地面积	0.034 1**	0.016 4	0.044 4	0.080 5	0.030 8*
		(2.005 0)	(0.604 7)	(1.115 7)	(1.260 3)	−1.744 2
	家庭农业固定资产	−0.008 1	−0.004 7	−0.007 5	−0.001 0	−0.011 2**
		(−1.584 7)	(−0.516 3)	(−1.113 6)	(−0.105 5)	(−2.074 5)
	家庭非农收入	0.002 9***	0.003 4***	0.002 1	0.005 8***	0.001 3
		(4.053 8)	(3.785 2)	(1.518 0)	(2.667 2)	−1.574 9
环境特征	村庄交通位置的便利性	−0.009 3***	−0.008 7	−0.007 7***	−0.010 9***	−0.004 5
		(−3.400 9)	(−0.958 9)	(−3.101 2)	(−3.880 5)	(−0.680 2)
	村人均收入	−0.003 5	0.006 4	−0.008 6	−0.005 1	0.001 9
		(−0.279 4)	(0.381 3)	(−0.443 5)	(−0.294 7)	−0.106 9
	城镇居民人均可支配收入	−0.032 9	−0.030 1	−0.008 3	−0.068 7	0.012 8
		(−0.726 9)	(−0.482 9)	(−0.130 7)	(−1.040 7)	−0.232 8
宏观政策	农业补贴	0.005 8	0.023 6	−0.045 7	0.050 4	−0.039 2
		(0.122 7)	(0.357 2)	(−0.635 9)	(0.762 4)	(−0.614 4)
	新农保	0.028 8	0.138 3	−0.132 0	0.030 4	−0.049 8
		(0.418 1)	(1.261 7)	(−1.289 1)	(0.203 6)	(−0.603 4)
		−0.365 0	−0.502 9	−0.441 9	−1.031 4**	−0.249 8
		(−1.523 4)	(−1.175 3)	(−1.065 3)	(−2.327 3)	(−0.819 5)
	N	331	189	142	176	155
	r^2_a	0.184 4	0.148 3	0.246 8	0.140 6	0.249 8

注：*、**、*** 分别表示在10%、5%和1%的统计水平上显著。

除此之外，就确权的农地流转效应而言，户主年龄、户主的外出打工时间、农户的非农收入占比和村庄位置的交通便利性显著影响农地流转。首先，户主年龄越大，尤其是对于年龄超过55岁的户主，农地流转的概率和农地流转比例均更高。可能的原因在于，对该类农户而言，随着年龄的增大，务农能力越来越低，若子女从事务农工作，则大多已经由子女充当户主，而自己仍然是户主的话，更可能的情况是依靠子女的非农收入维持生计，即家中的有效务农劳动力较少，因此，农地流转的概率和农地流转比例也越高。其次，户主外出打工时间越多，农户的兼业化和离农化程度越高，转出农地的可能性和比例都更大。再次，非农收入占的比例越大，家庭成员从事农业生产的可能性越低，即对农地经营投入的人力资本越少，转出农地的可能性更大。最后，村庄离城镇中心和车站等距离越近，即村庄的交通位置越便利，农地流转的概率和农地流转比例也越高。可能的原因在于，村庄的地理位置越便利，农户进行非农就业的机会越多，非农就业也更便利，因此，农户无力进行农业生产，而更倾向于选择转出农地。

7.3　小　结

从上文的实证检验结果可得出以下结论：

（1）就确权的农地流转总效应而言，首先，确权能显著提高农地流转概率和农地流转比例。其次，与户主年龄低于55岁的农户相比，在户主年龄高于55岁的农户组中，确权对农地流转概率和农地流转比例的提升作用更大。最后，与户主不常年外出打工的农户相比，在户主常年外出打工的农户组中，确权对农地流转概率和农地流转比例的提升作用均更大。

（2）就确权方式的农地流转效应差异而言，与确权确地相比，确权不确地在提高农地流转概率和农地流转比例方面的作用均更大。对于户主常年外出打工的农户而言，确权不确地和确权确地在提高农地流转比例方面无显著差异。

8 研究结论和政策建议

本研究在系统梳理现有研究成果的基础上，基于确权的价格效应、生产效应、交易费用效应和禀赋效应理论，利用来自浙江省 522 户农户的调研数据，分析并验证了确权对农地流转的影响，其中，农地流转涉及农地流转概率和农地流转比例，该研究主要的贡献在于分析了确权对农地流转的影响机制以及不同确权方式对农地流转的影响差异。另外，本书将目前主流的四种确权效应置于同一研究框架下进行考察，尽可能地避免了内生性问题。本书关注的主要问题包括：(1)确权是否会影响农地流转？确权对农地流转的影响机制是怎样的，即确权如何影响农地流转的具体路径？(2)不同确权方式对农地流转影响的差异。通过对以上几个主要问题进行理论分析和实证检验后，得出本书的研究结论，并提出相关的政策建议。

8.1 研究结论

本书的研究结论主要包括两个方面：(1)确权主要通过哪些中介效应影响农地流转，即确权影响农地流转的主要路径；(2)确权方式，即确权确地和确权不确地对农地流转影响的差异，其中包括对农地流转概率和农地流转比例的影响差异。

8.1.1 确权对农地流转的影响

(1)总效应。

本研究基于 OLS 和 Logit 多元回归方法，并对基于户主年龄特征和户主打工情况的分样本进行稳健性检验，得出稳健的检验结果，即确权能显著促进农地流转。具体地讲，确权不仅提高了农地流转概率，还提高了农地流转比例。另外，与户主年龄超过 55 岁的农户相比，在户主年龄低于 55 岁的农户组中，确权对农地流转概率和农地流转比例的提升作用均更大；与户主不常年外出打工的农户相比，在户主常年外出打工的农户组中，确权对农地流转概率和农地流转比例的提升作用均更大。

除此之外，就确权的农地流转效应而言，户主年龄、户主的外出打工时间、农户的非农收入占比和村庄位置的交通便利性显著影响农地流转。具体而言，在户主年龄大于 55 岁的农户组中，户主年龄越大，农地流转的概率和农地流转比例均更高；非农收入的占比越高，农地流转概率和农地流转比例也越高；村庄的地理交通位置越便利，农地流转概率和农地流转比例越高。

(2)中介效应。

在进行中介效应分析时，本研究沿用目前测度交易费用的主流方法之一，即利用 SPSS 软件对交易费用进行因子分析，具体步骤为，先基于交易流程提取交易费用的三个公因子，再进一步利用此公因子作为中介变量，然后进行交易费用的中介效应分析，具体地讲，通过 SPSS 软件的 Process 插件，利用其中的模型四，将租金率、亩产值、交易费用和禀赋效应作为中介变量，对确权的农地流转效应进行多重中介效应检验，得出以下研究结论：首先，就总的间接效应（指四个间接效应，即中介效应的加总）而言，即价格效应（租金率）、生产效应（亩产值）、交易费用和禀赋效应四个变量在确权和农地流转之间的总中介作用，其系数 $\alpha_r\beta_r+\alpha_v\beta_v+\alpha_t\beta_t+\alpha_e\beta_e$ 在统计上通过了显著性检验，说明这四种中介因素总体上在确权和农地流转之间起到了中介作用；其次，就确权对农地流转的直接效应而言，即控制租金率、亩产值、交易费用和禀赋效应的中介作用后，确权制度本身对农地流转的“净影响”，其系数 β_1 在统计上通过了显著性检验，说明确权本身对农地流转有显著的促进作用，而租金率、亩产值、交易费用和禀赋效应在确权和农地流转之间只起到部分中介效应；最后，就确权对农地流转的特定影响路径而言，租金率和亩产值在确权和农地流转之间起到显著的中介作用，即确权主要通过提高租金率以及通过在长期内提高亩产值从而促进农地流转。

除此之外，交易费用和禀赋效应在确权和农地流转之间的中介作用不显著，具体地说，一方面，虽然确权能够显著地降低农地流转市场的交易费用，但是交易费用的下降并未显著促进农地流转，因此，确权并未通过降低农地流转交易费用而促进农地流转；另一方面，确权会强化农地流转市场中的禀赋效应，而禀赋效应对农地流转无显著影响，因此，禀赋效应在确权和农地流转之间的中介效应可以忽略不计。

由于以往的研究大多只验证了确权对农地流转的总体影响，而本书在证实检验确权会促进农地流转的基础上，进一步发现确权主要是通过提高农地流转的租金率和亩产值来促进农地流转，即对确权的农地流转效应做了更深入的分析，该结论丰富了目前的研究成果。

8.1.2 确权方式对农地流转的影响

一方面，就确权方式对农地流转概率的影响而言，首先，与确权确地相比，确权不确地对农地流转概率的提高作用更大；其次，就户主年龄的分样本检验结果而言，检验结果显示，户主年龄低于 55 岁的分样本检验系数大于户主年龄高于 55 岁的分样本检验系数，即在低年龄组农户中确权不确地的农地流转效应更大；最后，就户主外出打工的分样本检验结果而言，结果显示户主未常年外出打工的分样本系数高于户主常年外出打工的分样本系数，这表明对户主未常年外出打工的农户而言，确权不确地对提高农地流转概率方面的作用更大。

另一方面，就确权方式对农地流转比例的影响而言，计量检验结果显示，首先，与确权确地相比，确权不确地在提高农地流转比例方面的作用更大；其次，就户主年龄的分样本检验结果而言，户主年龄低于 55 岁的分样本检验系数低于户主年龄高于 55 岁的分样本检验系数，这说明在高年龄组中，确权不确地在提高农地流转比例方面的作用更大；最后，就户主外出打工情况的分样本检验结果显示，对户主未常年外出打工的农户而言，确权不确地比确权确地的农地流转效应小，而对于户主常年外出打工的农户而言，确权确地和确地不确地对农地流转比例的影响并无显著差异。

8.2 政策建议

根据产权经济学，界定清晰的产权总是会通过市场交易将其交到善用者手中，农地流转也不例外。通过农地的合理、有效流转可以提高农地的经营效率，以充分利用我国的农地资源，有利于我国资源的优化配置。另外，农地资源作为一种不可再生的稀缺资源一定程度上具有不可逆性，是否能对其进行有效保护至关重要，然而只有对农地的高效经营才能增加农地的回报率，农地的高回报率可以减少农地抛荒现象的发生，从而避免农地资源的浪费。

尽管我国现行的家庭联产承包责任制曾经在历史上极大地解放了生产力，对我国的经济发展做出了卓越的贡献。然而，就我国目前的经济发展水平而言，基于家庭联产承包责任制的分散经营模式已然不能满足现代农业基于机械化、标准化、规模化的生产要求，而农地流转作为实现土地集中经营的主要渠道之一，是否能发挥其积极的作用至关重要。如何在新一轮确权背景下有效地促进农地流转，实现农业适度规模经营，是我国当前涉农工作的重中之重。以往的研究大多只对确权的农地流转总效应进行实证检验，对于其特定的影响路径关注不够，而本书的研究表明确权主要通过价格效应（租金率）和生产效应（亩产值）的中介作用促进农地流转，即确权除了自身对农地流转有促进作用外，其主要通过提高租金率和亩产值而促进农地流转。基于此，我国在积极推进确权工作的同时，应注重干预确权对农地流转的影响机制，并且多角度地实施配套政策以及采取措施，以期使确权在促进农地流转方面发挥更大的作用。

因此，我国各地区相关政府部门除了应积极推进新一轮确权政策，使农地的所有权、使用权和经营权边界清晰,以实现农地的“三权分置”,并使农地的经济功能以更多的形式得以实现外,本研究还提出以下政策建议:

(1)确权方式的选择应该遵循自下而上的原则。

由于历史和制度的原因,中国的农地矛盾由来已久且错综复杂,且各个地区的农地矛盾千差万别,任何“一刀切”的方法在农地问题上都寸步难行。一方面,如果自上而下地强行要求确权确地,而有的农地已经被村集体统一开发,待流转给农业大户或者企业等,那么确权确地方式的采用不仅会增加确权实施的难度和费用,而且会增加农地流转过程中谈判阶段、签约阶段以及执行阶段的交易成本。另外,也增加了潜在退出农户向农地转入户“敲竹杠”的风险。另一方面,如果贸然采取确权不确地方式,有的地区农户的兼业水平很低,农户对农地的依赖程度较高,农地之于农户承担了相当大的社会保障功能,那么确权不确地方式的采用可能会导致农户丧失最后的生活保障,不利于社会稳定。在社会和经济的演化过程中,渐进性的制度变迁一般来源于连续的边际调整。该边际调整一般是在先前的制度安排上进行的,是基于调整后对边际成本和边际收益衡量的结果,这种渐进性的调整可以有效节约制度变迁的转型成本。因此,自下而上地选择确权方式,充分尊重农户的意愿至关重要,即政府只需要给出基本的框架,应允许各个地区在尊重农户意愿和相关法律的前提下创新确权方法,这样有助于节约我国新一轮确权工作的实施成本,推进我国的确权工作顺利完成,也有助于保护农民的农地权益。

(2)确权方式的选择应充分考虑农地流转情况。

各地应从实际出发,针对农地的流转情况因地制宜地选择确权确地或确权不确地方式。具体而言,第一,对于未流转的农地以及流转对象为转出户亲友或者其他农户的已流转农地,应尽可能选择确权确地方式;第二,对于流转对象为合作社、企业的已流转农地,应结合当地的经济发展水平、城镇化水平和农民的兼业水平、非农收入占比等情况,尝试确权不确地的确权方式;第三,在选择确权不确地方式时应同时考虑其他配套政策的实施情况如新农保等；第四，考虑到在确权不确地方式下农户的农地权力只是一种按照份额进行分配的收益权而缺乏实物载体，因此应保证在农户自愿的基础上谨慎采用该方式，并充分考虑该确权方式的退出机制。

(3)村集体和中介组织应积极发挥作用。

本研究认为，对于村集体和中介组织在农地流转中的作用应该辩证地分析。一方面，基于交易费用对农地流转的显著影响，村集体及其他第三方应该充分发挥中介作用，例如，建立农地流转的信息平台，增加市场信息的透明度，减少农地流转的搜寻成本和谈判成本等，不仅如此，通过披露农地流转市场转出方和转入方的履约信息，可以通过信誉机制约束对方的行为，使其自觉履约；另一方面，高度重视并防止村集体对农地的强行流转，防止有的地方官员或村干部过于急功近利，为了经济利益或政绩需要，强行将农地流转给企业等市场主体，损害农民的农地权益，应加强农地流转过程中对农民自愿性的重视。

(4)对于潜在的农地转入户和转出户分别采取针对性的激励措施，以促进农地流转。

一方面，鉴于农业经营的风险(包括自然风险和市场风险等)较大，前期投入较多，农地转入总体需求不足。因此，对于年轻的户主、初始农地规模较大的农户以及农业收入占比较高的农户，建议对其进行信贷支持、农业保险支持或者免费进行农业技术培训，为新型农业经济主体储备更多的人才、提供更多的资金和技术支持等，以此扩大对农地转入的潜在需要。不仅如此，政府应对农户加强“契约精神”的宣传，降低农户在履约过程中的违约和“敲竹杠”概率，从而降低转入户的经营风险，有利于增加对农地的长期需求量。

另一方面，对于常年外出务工的户主、户主兼业化、离农化程度较高的农户以及农业收入占比较低和劳动力占比很低的农户，应提高其社保水平或者建立长效的补偿机制，以鼓励其转出农地。首先，鉴于我国农民对农地固有的乡土情结以及受传统家庭经营思维模式的限制，应通过提高新农保的保障水平，弱化农地的社会保障功能，强化农地的经济功能，解决转出户的“后顾之忧”；其次，提高农民的社会保障水平会降低农民对农地的依赖性，从而有利于降低农地流转市场中的禀赋效应。这是因为，一旦农地不再承担社会保障功能，更多地承担经济功能，而经济功能有较多的替代选择，如外出打工等，况且市场中交易客体的替代性越强，在市场上表现的禀赋效应就越弱，从而有利于农户转出农地。总之，从农地的潜在转入户和转出户两方面“双管”齐下，才能更有效地促进农地流转。

(5)从立法的角度将农地产权的主客体关系界定得更明晰，以提高农地产权的排他性和私有性。

不完整的土地产权制度会阻碍农户参与土地租赁市场(Feng，2006)。本研究结论表明，虽然确权降低了农地流转交易费用，但是交易费用的降低对农地流转并没有显著的促进作用，可能的原因在于确权对农地产权并未做实质性的变动，确权对交易费用的降低幅度很有限。因此，如何进一步明晰产权、降低交易费用成为我国目前促进农地有序流转的关键所在。我国农地所有权的主体虽然在理论上界定为集体，但是集体又包括村小组或农业生产合作社集体经济组织、村民委员会集体经济组织和乡镇集体经济组织，那么，这三种组织之间的关系如何厘清，并且这三种组织在具体运作过程中具体由谁来行使该农地的权力，这些问题一直是造成农地产权不明晰和引起巨大交易费用的主要原因之一。因此，如果能进一步厘清我国农地权利结构的主客体，就会更有效地促进我国农地流转。

(6)深入改革我国的农地产权制度，赋予农户更多的农地产权权能。

我国农地产权制度的改革方向一直是理论界争议的焦点。有的学者认为应该进行农地的私有化以明确产权边界，有的学者认为农地应该国有化，实现城乡土地的同价同权，有的学者认为农地应该坚持现在的集体所有制和家庭承包制，有的学者认为应该实行永佃制。本研究认为在农地产权方面应该实行有限制的永佃制，即所有权归国家，在限定农业用途的基础上，赋予农户永久的使用权。其理由如下：首先，只有提高了农地的产权权能，提高了农地产权的私有化程度，才能提高农地产权的价值，从而提高农民的农地收益;其次,只有明晰了农地产权,降低了保护、流转农地的交易成本,从而减少农地交易中处于公共域中的无法"私人化"的价值,即有利于农地价值最大限度地内部化,提高农地的价值;最后,从宏观上看,明晰的产权有利于农地资源的最优配置,有利于农户对农地进行长期投资,从而提高农地的经营性收入,进而提高农地流转租金率。总之,应该致力于提高农地流转价格,以发挥价格效应在确权和农地流转之间的中介作用。

(7)在农业集体经济的实现形式方面,鼓励自下而上的探索模式。

基于规模经营的现代农业的实现本质上取决于规模经营的农业绩效,而提高农业绩效的根本在于探索有效的集体经济实现形式。对于集体经济实现形式的探索,我国应该鼓励采用自下而上的模式。因为与特定制度密切相关的主体更容易通过感知捕捉到可能的边际创新带来的潜在收益,从而通过边际制度创新不断地降低交易成本、减少经济运行中的租值消散。综观中国农地制度变迁史,许多制度创新均由农户自己探索、实践,由非正式规则开始,经过从量变到质变的变迁积累过程,最终形成正式制度的诱致性变迁。

8.3 研究局限和展望

8.3.1 研究局限

本研究的局限性主要体现在以下几点:

(1)农地流转样本选择的局限性。本研究在进行实证检验时,就农地流转样本而言,只涉及农地转出样本,而不包括农地转入样本,因此,未能进行转出户和转入户的对比研究,其主要原因是由于本研究的经费有限且农地转入样本较难采集,因此本研究主要采集了非流转样本和农地转出样本。但笔者认为确权对转入户和转出户的农地流转效应应该有明显的差异,包括农地流转总效应和中介效应,期待此问题在以后的研究中继续探讨。

(2)不同确权方式的农地流转效应差异方面的局限性。就确权方式对农地流转影响差异进行实证分析时,本研究只验证了确权确地和确权不确地对农地流转总效应的影响差异,而并非基于中介效应分析,主要原因在于:一方面,对不同确权方式的农地流转效应差异进行实证分析时,只考察确权不确地和确权确地样本,即只涉及确权样本;另一方面,本研究基于中介效应进行分析时,其中将租金率作为中介变量之一,因此模型只能选取流转样本。也就是说,对该问题的研究只能选择既流转又确权的样本,由于本研究的总有效样本量只有522个,符合条件的样本数量太少,达不到统计学上要求的最低样本量,因此,虽然本书在理论部分就不同确权方式的中介效应进行了分析和对比,但是在实证部分,只针对不同确权方式的总效应差异进行了计量检验,而未对其中介效应差异进行分析,此为本研究的一大遗憾,期待在将来的研究中,通过扩大样本量对此做进一步的分析和验证。

(3)样本性质和数量方面的局限性。本书使用的数据是截面数据,而非面板数据,然而,与截面数据相比,面板数据因为可以控制个体的异质性,并且在考察政策随时间推移的动态调整过程时具有明显的优势,而本研究由于受资金的限制,进行调研的人员主要为笔者讲授课程的在校本科生,很难要求他们进行多年跟踪调查,因此难以获得令人满意的面板数据,此数据收集问题为本研究的另一遗憾。

(4)本研究在对交易费用进行测度时,选取的指标不够理想,如对交易费用共提取了3个公因子,二级指标却只有7个,虽然数据的信度和效度满足了进行因子分析的要求,但是每个公因子包括的信息量还不够丰富。可能的原因在于问卷设计得还不够合理,期待在以后的问卷调研中就该问题的题项进行调整,进一步完善该问卷。

8.3.2 展望

针对以上提出的本研究的局限性以及通过本研究获得的启发,笔者认为在该领域还需要进一步拓展的研究方向包括：

(1)通过进一步采集转入户样本进行实证分析，对比确权的农地流转总效应在转出户和转入户之间的区别，并进一步分析在转入户和转出户组中，确权影响农地流转的路径即中介效应有何差异，即在转入户和转出户两类样本组中，确权分别是通过价格效应(租金率)、生产效应(亩产值)、交易费用、禀赋效应中哪条路径或者哪几条路径影响农地流转的。

(2)以已确权的流转农户作为样本，实证检验不同确权方式对农地流转影响的路径有何不同，即确权不确地和确权确地各自对农地流转影响主要是通过价格效应(租金率)、生产效应(亩产值)、交易费用还是禀赋效应的中介作用，抑或是某几个中介效应叠加作用的结果。

(3)基于不同流转对象或流转形式，考察确权的农地流转效应有何差异。基于不同流转对象如农户－亲友、农户－其他普通农户、农户－合作社、农户－企业，以及基于不同流转形式，如转包、出租、土地托管、土地股份合作社等，分析确权的农地流转效应有何差异。

(4)配套政策的实施问题，即探讨涉农政策在促进农地流转中的作用，以及如何推进和完善我国的相关政策和法律，比如农业补贴的对象应该是农地承包者还是经营者，以及农地补贴的方式是进行普通补贴还是有针对性的定向补贴，采用哪种补贴方式更有利于农地的转出或者转入。除此之外，农业保险也是最重要的涉农政策之一，因为农业经营的高风险性、信息不对称性等问题会导致商业性保险供给不足，因此，应该进一步加强和完善我国政府主导的政策性农业保险机构的功能，鼓励农业生产经营，增加农地转入的潜在需求量。

附　录

省	市/县	乡/镇

“确权与农地流转”项目调查问卷——转出户角度

村：________________________________

受访者姓名：________________________

调查时间：______年______月______日

调查员姓名：______________________

电话：____________________________

您好，开展此项调查仅为学术研究，有关信息会为您保密，谢谢您的配合！

调研员注意事项：

(1)本调查涉及的农地是指农民承包的耕地(不是宅基地)。

(2)被访问者家庭实际发生过土地转出的，其对象必须为农户、企业或者合作社三者之一。

(3)农地流转只限于农业用途，不包括政府征地等农地转非农用途的情况。

1. 家庭基本情况(家庭成员指实际上一起吃饭、生活的成员，即便已经分家但若一起吃饭，仍然视作一个家庭。)

(1)家庭人口数________(人)，抚养比为________。[注：抚养比是指非劳动年龄人口数对劳动年龄(15～64 岁)人口数之比。]

(2)家庭外出打工(超过 6 个月)的人数为________。

A. 0 B. 1 人 C. 2 人 D. 3 人及以上

(3)家庭是否有兼营收入________。(注：兼营收入是指除了农业方面以外的收入，比如源于打工或者创业等的收入都算在内。)

A. 没有=0

B. 有=1，兼营收入占家庭总收入的比例为________%。

(4)家庭中农业生产的固定资产共________万元(固定资产主要包括：农用汽车、拖拉机、打谷机、收割机、脱粒机、水泵、耕牛、马、驴等)。(注：指购买时的原价值，不论新旧。)

(5)家庭年总收入为________万元。

2. 户主特征(注：户主是指能够当家做主、说话算数之人，不一定是户口本上的户主。)

(1)户主性别________。

A. 男 B. 女

(2)户主年龄________岁。

(3)户主的身体状况________。

A. 很好　B. 比较好　C. 一般　D. 不太好

E. 很不好

(4)户主是否有配偶________。

A. 有　B. 无

(5)户主受教育程度________。

A. 文盲　B. 小学　C. 初中　D. 高中

E. 大学(中专及以上)

(6)家庭成员平均受教育年限为________年。

(7)家里的村组干部有________。

A. 0　B. 1 人　C. 2 人　D. 3 人及以上

(8)您家和村干部的关系很好吗?________。

A. 完全不同意 B. 不太同意　C. 一般　D. 比较同意

E. 完全同意

(9)户主是否外出打工?________。

A. 没有外出打工

B. 大部分时间在家务农、少部分时间在外打工

C 少部分时间在家务农,大部分时间在外打工

D. 常年外出打工

(10)户主是否接受过农业技能方面的培训________。

A. 没有

B. 有,接受培训的时间为________个月

(11)家庭成员平均务农年限为________年。

(12)该家庭的务农能力很好吗?(与同村其他人相比)________。

A. 完全不同意　B. 不太同意

C. 一般　D. 比较同意

E. 完全同意

3. 户主的认知

(1)您认为您承包的农地归谁所有,________。

A. 国家　　B. 集体　　C. 自己　　D. 说不清

(2)您认为您在承包的土地上拥有的土地权利有(可以多选)________。

A. 自由种植权　B. 使用权　　C. 经营权　　D. 转包转让权

E. 出租权　　F. 占有权　　G. 收益权　　H. 入股权

I. 抵押权　　J. 优先承包权　K. 继承权

(3)对未来土地调整的预期________。

A. 5年内还会调整　　B. 不会再调整

C. 不清楚

(4)土地承包经营权证书能否保护您的土地权利,________。

A. 能够很好保护土地权利

B. 保护土地权利作用不明显

C. 不确定

4. 地块特征

(1)您家的土地总面积为________亩。

(2)您家的土地总块数为________块。

(3)您家的农地产值大约为________元/年/亩。

(4)您家农地每年每亩投入大约________元。

5. 农户的环境特征

(1)该村的人均收入约为________万元/年。

(2)您家有没有拿到农业补贴,________。

A. 没有[跳到第(5)题]　　B. 有

(3)您村的农业补贴是发给农地原承包者,还是农地的实际经营者,________。

A. 农地原承包者=0　　B. 农地的实际经营者=1

(4)补贴的标准是________元/亩;或者________元/户;其他标准________(选择其一填写即可)。

(5)您村有没有实行新农保,________。

A. 没有　　　　　　　　　　B. 有

(6)您村是否已通公交车，________。

A. 是

B. 否，您村离公交站(或者火车站/中心镇等)的最近距离大约________里。

6. 土地确权基本情况

(1)您家拿到土地承包经营权证书(有的地方叫土地承包合同)有多久了？________。

A. 还没拿到(跳到第7题)

B. 拿到已经________个月了

(2)拿到的是________。

A. 土地承包经营权证书　　　　B. 土地承包合同

(3)若已经拿到土地承包经营权证书，则证书上的土地是否指明了具体的位置，________。

A. 是(确权确地)　　　　　　B. 否(确权确股不确地)

(4)您村确权确地的共________亩承包地，确权不确地的共________亩承包地(整村角度)。

以下两题根据具体情况选其一：

(5)若尚未拿到土地承包经营权证书或者承包合同，如果您不得不转出土地的话，您愿意接受的最低租金为________/年/亩；如果您不得不转入租入土地的话，您愿意支付的最高租金为________/年/亩。

(6)若已经拿到土地承包经营权证书或者承包合同，如果您不得不转出土地的话，您愿意接受的最低租金为________/年/亩；如果您不得不租入土地的话，您愿意支付的最高租金为________/年/亩。

7. 土地流转的情况

(1)现在您家的农地是否有转出的情况，________。(注：主要指转给其他农户、企业或者合作社。)

A. 是　　　　　　　　　　　B. 否(请忽略以下各题)

(2)您家的土地转给了________(可以多选)。

A. 亲友邻居(农户)　　B. 本村其他农户

C. 外村其他农户　　D. 企业或者合作社

(3)您家现在土地的转出面积为________亩,每年的租金为________元/亩。

(4)您家土地转出采用的合同是________。

A. 空合约(指没有约定具体的租金、租期等合约条款的合约)

B. 口头合约

C. 书面合约

(5)您是从________处获取对方需要转入土地的信息的。

A. 亲戚　B. 本村村民　C. 村干部　D. 外地朋友

E. 第三方机构　F. 其他

(6)寻找流转对象总共耗时大约________(从想转出土地到最终找到流转对象的时间,如果被动转让,请选择 F)。

A. 1 天以内　B. 一周以内　C. 一个月以内　D. 半年以内

E. 超过半年　　F. 被动转让出土地

(7)寻找流转对象总共对外沟通过________(从想转出土地到找到流向对象的沟通次数,包括打电话、亲自登门或通过中间人交涉等)。

A. 1 次　B. 2 次　C. 3 次　D. 4 次

E. 5 次及以上

(8)转出土地的过程耗时大约________(从找到流转对象到达成一致的整个过程,如果被动转让 ,请选择 F)。

A. 1 天以内　B. 一周以内　C. 一个月以内　D. 半年以内

E. 超过半年　F. 被动转让出土地

(9) 转出土地和对方沟通过________(从找到流转对象到达成一致的整个过程)。

A. 1 次　B. 2 次　C. 3 次　D. 4 次

E. 5 次及以上

(10)您家土地转出的约定年限为________。

A. 没约定　B. 1 年　C. 2 年　D. 3 年

E. 4 年　F. 5 年及以上

(11)转出土地是________。

A. 自发流转　B. 村集体组织流转

(12)合约存续期间发生过________纠纷。

A. 0[直接跳到第(15)题]　B. 1 次

C. 2 次　D. 3 次及以上

(13)纠纷解决的难易程度为________。

A. 很容易　B. 比较容易　C. 一般　D. 比较难

E. 很难

(14)解决纠纷的途径为________。

A. 双方商议　B. 找村里有威望之人进行调节

C. 找村委、法院等其他机构调节

(15)土地流转的方式为________。

A. 转包(本村内部成员之间的土地转让,一般按每年每亩收取租金)

B. 出租(土地转给本村以外的农户、企业或合作社等)

C. 互换(本村内部成员为了耕作方便等而交换土地)

D. 入股(每年拿到数量不固定的股份分红)

E. 股份+合作(每年拿固定的土地租金和不固定的股份分红)

F. 反租倒包(村集体统一把农地收过来,给农户一定的经济补偿,再把地租给企业、合作社等)

G. 土地托管(委托农业服务组织或农户代为经营管理,托管双方签订协议,农户委托方向受托方农业服务组织支付一定的费用)

参考文献

[1] 阿玛古丽·阿不都热合曼,海力且木·斯依提.新时期农户农地流转意愿及特征分析——以哈密市为例[J].天津农业科学.2017,64(8):45-46.

[2] 埃里克.弗鲁博顿,鲁道夫.瑞切特. 新制度经济学——一个交易费用分析范式[M].姜建强,罗长远,译,上海:上海三联书店、上海人民出版社,2006:97.

[3] 包宗顺,伊藤顺一,倪镜. 土地股份合作制能否降低农地流转交易成本?——来自江苏300个村的样本调查[J]. 中国农村观察,2015,(1):59—70+95.

[4] 鲍海君,吴次芳. 论失地农民社会保障体系建设[J]. 管理世界,2002,(10):37-42.

[5] 陈晨.农村城镇化进程中农地流转及其影响因素分析[D]. 北京:中国地质大学学位论文,2015.

[6] 陈丹,任远,戴严科.农地流转对农村劳动力乡城迁移意愿的影响[J].中国农村经济.2017(7):63-64.

[7] 陈飞,翟伟娟. 农户行为视角下农地流转诱因及其福利效应研究[J]. 经济研究,2015,50(10):163-177.

[8] 陈美球,李志朋,赖运生,卢丽红,刘馨."确权确股不确地"承包地经营权流转研究——基于江西省黄溪村实践的调研[J]. 土地经济研究,2015(1):59-69.

[9] 陈明,武小龙,刘祖云. 权属意识、地方性知识与土地确权实践——贵州省丘陵山区农村土地承包经营权确权的实证研究[J]. 农业经济问题,2014,35(02):65-74.

[10] 陈树村.农村土地确权登记颁证要预防面积不实的问题[J].现代农业.2015,15(10):96-97.

[11] 陈姝洁,马贤磊,陆凤平,蓝菁,石晓平. 中介组织作用对农户农地流转决策的影响——基于经济发达地区的实证研究[J]. 中国土地科学,2015,29(11):48-55.

[12] 陈英,谢保鹏,魏春瑾.内生性和外生性农地流转模式背景下农地收益的差异

及其对农民收益的影响研究——基于白银市靖远县调查数据的实证分析[J]. 干旱区资源与环境,2014,28(9):27-32.

[13] 陈钰垚. 习惯与法律:确权后的土地之争[D]. 武汉:华中师范大学学位论文,2014.

[14] 陈昭玖,胡雯. 农地确权、交易装置与农户生产环节外包——基于"斯密-杨格"定理的分工演化逻辑[J]. 农业经济问题,2016,37(8):16-24+110.

[15] 程令国,张晔,刘志彪. 农地确权促进了中国农村土地的流转吗?[J]. 管理世界,2016,(1):88-98.

[16] 仇童伟. 土地确权如何影响农民的产权安全感知?——基于土地产权历史情景的分析[J]. 南京农业大学学报(社会科学版),2017,17(4):95-109+158-159.

[17] 邓大才. 中国农村产权变迁与经验——来自国家治理视角下的启示[J]. 中国社会科学,2017(1):4-24+204.

[18] 丁琳琳,孟庆国. 农村土地确权羁绊及对策:赣省调查[J]. 改革,2015(3):56-64.

[19] 丁玲,钟涨宝. 农村土地承包经营权确权对土地流转的影响研究——来自湖北省土地确权的实证[J]. 农业现代化研究,2017,38(3):452-459.

[20] 恩拉恩. 埃格特森. 经济行为与制度[M]. 吴经邦,李耀,朱寒松,等译,北京:商务印务馆,2004:35.

[21] 杜浩然,黄桂田. 产权结构变动对经济增长的影响分析——基于中国30省份1995—2013年面板数据的实证研究[J]. 经济科学,2015(3):20-31.

[22] 杜文星,黄贤金. 区域农户农地流转意愿差异及其驱动力研究——以上海市、南京市、泰州市、扬州市农户调查为例[J]. 资源科学,2005(6):90-94.

[23] 费吕博腾,配杰威齐. 产权与经济理论:近期文献的一个综述,载科斯等. 财产权利与制度变迁[C]. 上海:三联出版社,1994.

[24] 冯涛,李英东. 国家、市场、产权关系重构与经济增长——基于中国近现代经济史的新解释[J]. 陕西师范大学学报(哲学社会科学版),2009,38(2):86-97.

[25] 冯政,刘博,吴远洪. 土地确权与土地产权交易对农民财产性收入增长与土地资源配置效率提高的影响分析[J]. 财会研究. 2015,32(11):35-36.

[26] 付江涛,纪月清,胡浩. 新一轮承包地确权登记颁证是否促进了农户的土地流

转——来自江苏省3县(市、区)的经验证据[J]. 南京农业大学学报(社会科学版),2016,16(1):105－113＋165.

[27] 付江涛. 新一轮承包地确权、流转及其投资利用研究[D]. 南京农业大学学位论文,2016.

[28] 高岚,张自强. 产权管制、要素投入与林业经济增长关系的实证分析[J]. 华南农业大学学报(社会科学版),2012,11(1):77－85.

[29] 高名姿,张雷,陈东平. 差序治理、熟人社会与农地确权矛盾化解——基于江苏省695份调查问卷和典型案例的分析[J]. 中国农村观察,2015(6):60－69＋96.

[30] 高强. 当前土地确权工作中几个关键问题的思考[J]. 农村经营管理. 2016,21(1):69－71.

[31] 高强,张琛. 确权确股不确地的理论内涵、制度约束与对策建议——基于广东省珠三角两区一市的案例分析[J]. 经济学家,2016(7):32－40.

[32] 郜亮亮,黄季焜,Rozelle Scott,徐志刚. 中国农地流转市场的发展及其对农户投资的影响[J]. 经济学(季刊),2011,10(4):1499－1514.

[33] 郜亮亮,黄季焜,冀县卿. 村级流转管制对农地流转的影响及其变迁[J]. 中国农村经济,2014(12):18－29.

[34] 郭艳茹. 管制的产权分析:一种方法论上的探讨[J]. 学术月刊,2005(12):52－57.

[35] 郭忠兴,罗志文. 农地产权演进:完整化、完全化与个人化[J]. 中国人口. 资源与环境,2012,22(10):123－130.

[36] 韩靖,丁剑. 农村土地承包经营权确权登记颁证工作考察报告[J]. 河南农业,2015(17):87－88.

[37] 韩喜平,张军委. 农地流转服务平台的功能障碍及破解进路——基于吉林省德惠市402户农户的调研分析[J]. 贵州社会科学,2015(2):150－155.

[38] 哈罗德. 德姆塞茨. 关于产权的理论,载科斯等财产权利与制度变迁[C]. 上海:上海三联出版社,1994.

[39] 何晓星. 双重合约下的农地使用制度——论中国农地的"确权确地"和"确权不确地"制度[J]. 管理世界,2009(8):53－64＋80.

[40] 何一鸣,罗必良. 赋权清晰、执法博弈与农地流转——基于法律经济学的分析

范式[J]. 贵州社会科学,2013(1):90 - 94.
[41] 贺雪峰. 农地承包经营权确权的由来、逻辑与出路[J]. 思想战线,2015,41(5):75 - 80.
[42] 侯建昀,霍学喜. 信贷可得性、融资规模与农户农地流转——以专业化生产农户为例[J]. 中国农村观察,2016(6):29 - 39.
[43] 侯建昀,霍学喜. 专业化农户农地流转行为的实证分析——基于苹果种植户的微观证据[J]. 南京农业大学学报(社会科学版),2016,16(2):93—104+155.
[44] 侯石安. 初始禀赋差异、农业补贴与农地流转选择——全国 8 省 30 村的微观实证分析[J]. 中国农业科学,2012,45(21):4508 - 4516.
[45] 胡光志,陈雪. 我国农地流转信托制度的建构——以制度变迁为视角[J]. 江西社会科学,2015,35(2):151 - 157.
[46] 胡新艳,罗必良. 新一轮农地确权与促进流转:粤赣证据[J]. 改革,2016(4):85 - 94.
[47] 胡新艳,杨晓莹. 农地流转中的禀赋效应及代际差异[J]. 华南农业大学学报(社会科学版),2017,16(1):12 - 23.
[48] 黄宝连,黄祖辉,顾益康,等,产权视角下中国当前农村土地制度创新的路径研究:以成都为例[J]. 经济学家 2012(3):66 - 73.
[49] 黄季焜,冀县卿. 农地使用权确权与农户对农地的长期投资[J]. 管理世界,2012(9):76—81+99+187—188.
[50] 黄培锋,卢素兰,黄和亮. 产权安全性对农户林地生产经营投入的影响研究——以福建省为例[J]. 林业经济,2017,39(11):101 - 107.
[51] 黄少安,孙圣民,宫明波. 中国土地产权制度对农业经济增长的影响——对1949—1978 年中国大陆农业生产效率的实证分析[J]. 中国社会科学,2005(3):38—47+205—206.
[52] 黄少安,赵建. 土地产权、土地金融与农村经济增长[J]. 江海学刊,2010(6):86—93+238—239.
[53] 黄祖辉,陈欣欣. 农地产权结构和我国的家庭农业[J]. 农业经济问题,1998(5):17 - 21.
[54] 吉登艳,马贤磊,石晓平. 林地产权对农户林地投资行为的影响研究:基于产权

完整性与安全性——以江西省遂川县与丰城市为例[J]. 农业经济问题，2015，36(3)：54－61＋111.

[55] 冀县卿，钱忠好，葛铁凡. 如何发挥农业补贴促进农户参与农地流转的靶向作用——基于江苏、广西、湖北、黑龙江的调查数据[J]. 农业经济问题，2015，36(5)：48－55＋110－111.

[56] 冀县卿，钱忠好，葛铁凡. 交易费用、农地流转与新一轮农地制度改革——基于苏、桂、鄂、黑四省区农户调查数据的分析[J]. 江海学刊，2015(2)：83－89＋238.

[57] 冀县卿，钱忠好. 中国农业增长的源泉：基于农地产权结构视角的分析[J]. 管理世界，2010(11)：68－75＋187－188.

[58] 蒋永甫，张小英. 农地流转主体的交易成本——基于种养大户、家庭农场、合作社及龙头企业的比较[J]. 学术论坛，2016，39(2)：43－48.

[59] 李成友. 农户农地经营权流转及其行为效果分析[J]. 统计与信息论坛，2014(12)：69－74.

[60] 李谷成. 中国农业的绿色生产率革命：1978—2008 年[J]. 经济学(季刊)，2014，13(2)：537－558.

[61] 李金宁，刘凤芹，杨婵. 确权、确权方式和农地流转——基于浙江省 522 户农户调查数据的实证检验[J]. 农业技术经济，2017(12)：14－22.

[62] 李菁，欧良锋. 买方市场、农地产权冲突与大规模农地流转困境——以安徽省五河县訾湖村为例[J]. 农村经济，2014(6)：31－35.

[63] 李孔岳. 农地专用性资产与交易的不确定性对农地流转交易费用的影响[J]. 管理世界，2009(3)：92－98＋187－188.

[64] 李隆伟. 土地承包经营权确权对农民土地流转行为的影响研究[D]. 北京：中国农业大学学位论文，2016.

[65] 李宁，何文剑，仇童伟，陈利根. 农地产权结构、生产要素效率与农业绩效[J]. 管理世界，2017(3)：44－62.

[66] 李宁. 农地产权变迁中的结构细分特征研究[D]. 南京：南京农业大学学位论文，2016.

[67] 李琴，李大胜，李承政. 家庭农地禀赋与农地流转决策——基于非线性关系的考察[J]. 浙江社会科学，2015(10)：19－28＋155.

[68] 李彤. 土地确权是推进“三权分置”和土地流转的基石——《农地确权对耕地保护影响研究》书评[J]. 农业经济问题，2017，38(8)：93－94.

[69] 李祖佩，管珊. “被产权”：农地确权的实践逻辑及启示——基于某土地产权改革试点村的实证考察[J]. 南京农业大学学报(社会科学版)，2013，13(1)：80—87＋102.

[70] 林乐芬，金媛. 农地流转方式福利效应研究——基于农地流转供求方的理性选择[J]. 南京社会科学，2012(9)：74－79.

[71] 林文声，陈荣源，王志刚. 农地确权、资产专用性与农地流转[J]. 干旱区资源与环境，2017，31(10)：1－6.

[72] 林文声，秦明，苏毅清，王志刚. 新一轮农地确权何以影响农地流转？——来自中国健康与养老追踪调查的证据[J]. 中国农村经济，2017(7)：29－43.

[73] 林文声，秦明，郑适，王志刚. 资产专用性对确权后农地流转的影响[J]. 华南农业大学学报(社会科学版)，2016，15(6)：1－9.

[74] 林文声，杨超飞，王志刚. 农地确权对中国农地经营权流转的效应分析——基于H省2009—2014年数据的实证分析[J]. 湖南农业大学学报(社会科学版)，2016，17(1)：15－21.

[75] 林毅夫. 制度、技术与中国农业发展[M]. 上海：上海三联书店、上海人民出版社，1994.

[76] 刘安. 农村集体土地确权发证研究[D]. 昆明：云南大学学位论文，2015.

[77] 刘丹，巩前文. 农地流转中“去粮化”行为对国家粮食安全的影响及治理对策[J]. 农业现代化研究. 2017，41(4)：74－75.

[78] 刘凤芹. 农业土地规模经营的条件与效果研究：以东北农村为例[J]. 管理世界，2006(9)：71—79＋171—172.

[79] 刘灵辉. 土地承包关系“长久不变”政策的模糊性与实现形式研究[J]. 南京农业大学学报(社会科学版). 2015，12(6)：101－102.

[80] 罗鹏，王佳星. 农地确权对农户流转行为的影响与路径[J]. 农村经营管理. 2017，21(8)：52－53.

[81] 罗奚. Y公司农村土地承包经营权确权登记业务营销策略研究[D]. 北京：北京邮电大学学位论文，2014.

[82] 刘安凤. 我国农村集体产权制度改革方向研究[J/OL]. 学术论坛，2016(10)：

92 - 96.

[83] 刘斐,许月明,姬斌. 农户农地流转意愿的影响因素实证分析——基于河北省高阳县350个农户的调查[J]. 中国农学通报,2011,27(4):397 - 400.

[84] 刘欢,梁竹苑,李纾. 得失程数的变化:损失规避现象的新视点[J]. 心理学报,2009,41(12):1123 - 1132.

[85] 刘恺,罗明忠. 农村转移劳动力城市融入对农地流转影响分析——以农地价值感知为中介变量[J]. 南方农村,2015,31(6):8 - 15.

[86] 刘克春,苏为华. 农户资源禀赋、交易费用与农户农地使用权流转行为——基于江西省农户调查[J]. 统计研究,2006(5):73 - 77.

[87] 刘守英. 深化土地改革面临五大困难[N]. 中国经营报,2014 - 03 - 03(T08).

[88] 刘玥汐,许恒周. 农地确权对农村土地流转的影响研究——基于农民分化的视角[J]. 干旱区资源与环境,2016,30(5):25 - 29.

[89] 陆剑,陈振涛. 我国农村土地承包经营权确权:规则模糊及其厘清[J]. 南京农业大学学报(社会科学版),2017,17(3):95－102＋158.

[90] 陆文聪,朱志良. 农地流转供求关系实证分析——以上海为例[J]. 中国农村经济,2007(1):45 - 51.

[91] 罗必良,汪沙,李尚蒲. 交易费用、农户认知与农地流转——来自广东省的农户问卷调查[J]. 农业技术经济,2012(1):11 - 21.

[92] 罗必良,郑燕丽. 农户的行为能力与农地流转——基于广东农户问卷的实证分析[J]. 学术研究,2012(7):64 - 70.

[93] 罗必良. 农地流转的市场逻辑——"产权强度－禀赋效应－交易装置"的分析线索及案例研究[J]. 南方经济,2014(5):1 - 24.

[94] 罗必良. 农地确权、交易含义与农业经营方式转型——科斯定理拓展与案例研究[J]. 中国农村经济,2016(11):2 - 16.

[95] 罗必良. 合约短期化与空合约假说——基于农地租约的经验证据[J]. 财经问题研究,2017(1):10 - 21.

[96] 罗佳丽,杨海娟,王欢,侯日望. 基于农户生产效率视角的特色农业经营模式比较研究——以西安市为例[J]. 干旱区资源与环境,2017,31(12):64 - 70.

[97] 罗明忠,刘恺. 农村劳动力转移就业能力对农地流转影响的实证分析[J]. 广东财经大学学报,2015,30(2):73 - 84.

[98] 马瑞,柳海燕,徐志刚. 农地流转滞缓:经济激励不足还是外部市场条件约束?——对4省600户农户2005—2008年期间农地转入行为的分析[J]. 中国农村经济,2011(11):36-48.

[99] 马婷婷,陈英,宋文. 农民土地意识对农地流转及规模经营意愿的影响研究——以甘肃省武威市为例[J]. 干旱区资源与环境,2015,29(9):26-32.

[100] 马贤磊,仇童伟,钱忠好. 农地产权安全性与农地流转市场的农户参与——基于江苏、湖北、广西、黑龙江四省(区)调查数据的实证分析[J]. 中国农村经济,2015(2):22-37.

[101] 马贤磊,仇童伟,钱忠好. 农地流转中的政府作用:裁判员抑或运动员——基于苏、鄂、桂、黑四省(区)农户农地流转满意度的实证分析[J]. 经济学家,2016(11):83-89.

[102] 马贤磊,曲福田. 新农地制度下的土地产权安全性对土地租赁市场发育的影响[J]. 中国土地科学,2010,24(9):4-10.

[103] 米运生,郑秀娟,曾泽莹,柳松. 农地确权、信任转换与农村金融的新古典发展[J]. 经济理论与经济管理,2015(7):63-73.

[104] 倪坤晓,谭淑豪. 农地确权纠纷的类型、特点和解决之策——以河北省PX县为例[J]. 农村经济,2017(2):46-51.

[105] 聂建亮,钟涨宝. 农户分化程度对农地流转行为及规模的影响[J]. 资源科学,2014,36(4):749-757.

[106] 彭洁流. 农民视角的农地流转问题探讨[J]. 宿州学院学报. 2017,44(10):52-53.

[107] 彭魏倬加,李中. 农村土地确权与农村金融发展关系——基于湖南县域的实证研究[J]. 经济地理,2016,36(7):160-166.

[108] 戚焦耳,郭贯成,陈永生. 农地流转对农业生产效率的影响研究——基于DEA-Tobit模型的分析[J]. 资源科学,2015,37(9):1816-1824.

[109] 钱龙,洪名勇. 农地产权是"有意的制度模糊"吗——兼论土地确权的路径选择[J]. 经济学家. 2015,24(8):257-258.

[110] 钱文荣. 农地市场化流转中的政府功能探析——基于浙江省海宁、奉化两市农户行为的实证研究[J]. 浙江大学学报(人文社会科学版),2003(5):155-161.

[111] 钱忠好. 农村土地承包经营权产权残缺与市场流转困境:理论与政策分析[J]. 管理世界,2002(6):35－45＋154－155.

[112] 钱忠好.非农就业是否必然导致农地流转——基于家庭内部分工的理论分析及其对中国农户兼业化的解释[J].中国农村经济,2008(10):13－21.

[113] 钱忠好,冀县卿. 中国农地流转现状及其政策改进——基于江苏、广西、湖北、黑龙江四省(区)调查数据的分析[J]. 管理世界,2016(2):71－81.

[114] 乔榛,焦方义,李楠.中国农村经济制度变迁与农业增长——对1978—2004年中国农业增长的实证分析[J].经济研究,2006(7):73－82.

[115] 阮小莉,彭嫦燕. 农地流转与农村土地银行互动持续发展模式探析——基于四川省彭州市土地银行实践[J]. 农业经济问题,2014,35(6):54－59＋111.

[116] 尚旭东.农村土地承包经营权确权登记颁证:快速推进的"近忧"与"远虑"[J].农业经济.2016,34(1):124－125.

[117] 沈杰. 农地确权、流转经营与我国农业保险业的发展——基于农地确权试点省份2009—2014年数据的实证分析[J]. 云南农业大学学报(社会科学),2017,11(3):23－29.

[118] 盛济川,施国庆,梁爽.农地产权制度对农业经济增长的贡献[J].经济学动态,2010(8):86－90.

[119] 石晓平,曲福田,Nico Heerink,Marijke Kuiper. 农村市场发育与村庄经济研究[J]. 中国农村观察,2004(1):44－55＋81.

[120] 宋辉,钟涨宝. 基于农户行为的农地流转实证研究——以湖北省襄阳市312户农户为例[J]. 资源科学,2013,35(5):943－949.

[121] 谭淑豪,Nico Heerink,曲福田.土地细碎化对中国东南部水稻小农户技术效率的影响[J].中国农业科学,2006(12):2467－2473.

[122] 滕鹏,宋戈,黄善林,陶军德,徐四桂. 农户认知视角下农地流转意愿影响因素研究——以湖北省京山县为例[J]. 中国农业资源与区划,2017,38(1):89－95.

[123] 田甜,李博,左停. 农地确权中政府目标与乡土惯习的冲突与调适——以江西A村为例[J]. 湖南农业大学学报(社会科学版),2017,18(1):42－48.

[124] 王国敏,翟坤周. 确权赋能、结构优化与新型农业经营主体培育[J]. 改革,2014(7):150－159.

[125] 王红婵. 农地流转中的政府主导作用探析[J]. 福建论坛(人文社会科学版),2012(5):38-41.

[126] 王敬尧,魏来. 当代中国农地制度的存续与变迁[J]. 中国社会科学,2016(2):73—92+206.

[127] 王丽. 农地流转中的政府转移支付配套政策创新研究[J]. 农村经济与科技. 2017,47(10):163-164.

[128] 王珊. 公益性和非公益性农地城市流转的农户福利效应研究[D]. 武汉:华中农业大学学位论文,2013.

[129] 王兴稳等,教育能促进农地承包经营权流转吗? 农业技术经济,2015(1):11-21.

[130] 魏建. 产权的选择性保护与中国的长期经济增长[J]. 政法论坛,2010,28(1):19-26.

[131] 王元峰,张桂颖,韩晶,王晓雪,赵紫妤,何方. 政府信任与山区农户农地流转意愿——基于 Logistic 回归模型的实证分析[J]. 农村经济与科技. 2017,32(10):147-148.

[132] 文龙娇. 农地流转公积金制度研究[D]. 咸阳:西北农林科技大学学位论文,2016.

[133] 温涛,张梓榆,王定祥. 城乡工资水平差距与农地流转[J]. 农业技术经济,2017(2):4-14.

[134] 温忠麟,叶宝娟. 中介效应分析:方法和模型发展[J]. 心理科学进展,2014(5):731-745.

[135] 温忠麟. 张雷,侯杰泰,刘红云. 中介效应检验程序及其应用[J]. 心理学报,2004(5):614-620.

[136] 吴诗嫚,杨钢桥,赵微. 农地整治项目农户利益损失补偿研究——基于禀赋效应理论的实证分析[J]. 中国土地科学,2015,29(11):8-17.

[137] 吴郁玲,侯娇,冯忠垒,周勇. 农户对宅基地使用权确权效应的认知研究——以武汉市为例[J]. 中国土地科学,2016,30(4):28-34.

[138] 夏柱智. 虚拟确权:农地流转制度创新[J]. 南京农业大学学报(社会科学版),2014,14(6):89-96.

[139] 肖文韬. 交易封闭性、资产专用性与农村土地流转[J]. 学术月刊,2004(4):

37－42.

［140］ 谢冬水.农地转让权、劳动力迁移与城乡收入差距［J］.中国经济问题，2014(1)：49－59.

［141］ 熊彩云. 确权对农地流转的促进作用［J］. 宏观经济管理，2014(12)：48－51.

［142］ 徐涤非. 产权结构与区域经济增长研究［D］.长春：吉林大学学位论文，2012.

［143］ 徐江. 土地确权实践中存在的问题及优化路径［J］. 现代经济探讨，2015(6)：47－51.

［144］ 许恒周，郭玉燕，石淑芹. 农民分化对农户农地流转意愿的影响分析——基于结构方程模型的估计［J］. 中国土地科学，2012，26(8)：74－79.

［145］ 许恒周，石淑芹. 农民分化对农户农地流转意愿的影响研究［J］. 中国人口.资源与环境，2012，22(9)：90－96.

［146］ 许庆，刘进，钱有飞. 劳动力流动、农地确权与农地流转［J］. 农业技术经济，2017(5)：4－16.

［147］ 许庆，田士超，徐志刚，邵挺.农地制度、土地细碎化与农民收入不平等［J］.经济研究，2008(2)：83—92＋105.

［148］ 许泉，张龙耀，吴比. 信贷市场对农地流转市场发育的影响［J］. 华南农业大学学报(社会科学版)，2016，15(4)：19－30.

［149］ 薛凤蕊. 我国农地确权对耕地保护影响研究［D］.北京：中国农业科学院学位论文，2014.

［150］ 闫小欢，霍学喜.农民就业、农村社会保障和土地流转——基于河南省479个农户调查的分析［J］.农业技术经济，2013(7)：34－44.

［151］ 杨成林，李越. 市场化改革与农地流转——一个批判性考察［J］. 改革与战略，2016，32(11)：116－120.

［152］ 杨丹，高汉. 信贷市场与农地使用权流转——基于双变量Probit模型的实证分析［J］. 世界经济文汇，2012(2)：60－73.

［153］ 杨国永，许文兴. 耕地抛荒及其治理——文献述评与研究展望［J］. 中国农业大学学报，2015，20(5)：279－288.

［154］ 杨庆芳，程姝，韦鸿.土地确权的产权经济学思考［J］.农村经济，2015(5)：23－27.

［155］ 姚洋.农地制度与农业绩效的实证研究［J］.中国农村观察，1998(6)：3－12.

[156] 叶剑平,郎昱,梁迪. 农村土地确权、流转及征收补偿的相关问题——基于对十七省农村的调研[J]. 中国土地,2017(1):29-30.

[157] 叶剑平,罗伊·普罗斯特曼,徐孝白,杨学成. 中国农村土地农户 30 年使用权调查研究——17 省调查结果及政策建议[J]. 管理世界,2000(2):163-172.

[158] 游和远,吴次芳,鲍海君. 农地流转、非农就业与农地转出户福利——来自黔浙鲁农户的证据[J]. 农业经济问题,2013,34(3):16－25＋110.

[159] 岳浩永,梁冬,徐文全. 基于完善农地流转制度的农村社会保障体制创新[J]. 农村经济,2005(10):82-84.

[160] 翟研宁. 农村土地承包经营权流转机制研究[D]. 北京:中国农业科学院学位论文. 2013.

[161] 张广根. 产权管制、土地财政及经济增长关系的理论与实证——以河南省1998—2011 年的数据为例[J]. 财经科学,2014(11):49-59.

[162] 张海鹏,曲婷婷. 农地经营权流转与新型农业经营主体发展[J]. 南京农业大学学报(社会科学版),2014,14(5):70－75＋83.

[163] 张红宇. 让规模经营引领现代农业发展[N]. 人民日报,2016-02-21(010).

[164] 张建,诸培新,王敏. 政府干预农地流转:农户收入及资源配置效率[J]. 中国人口·资源与环境,2016,26(6):75-83.

[165] 张娟,张笑寒. 农村土地承包经营权登记对土地流转的影响[J]. 财经科学,2005(1):188-194.

[166] 张雷,高名姿,陈东平. 产权视角下确权确股不确地政策实施原因、农户意愿与对策——以昆山市为例[J]. 农村经济,2015(10):39-44.

[167] 张丽丽,张丹,朱俊峰. 中国小麦主产区农地经营规模与效率的实证研究——基于山东、河南、河北三省的问卷调查[J]. 中国农学通报,2013,29(17):85-89.

[168] 张琳,冯开文. 农地流转模式的经济效率分析——以山东枣庄为考察对象[J]. 科技与经济. 2017,31(4):97-98.

[169] 张鸣鸣. 新型农业经营体系和农业现代化—"新型农业经营体系和农业现代化研讨会暨第九届全国农经网络大会"综述,中国农村经济. 2013(12):84-88.

[170] 张沁岚,陈文浩,罗必良. 农地转入、细碎化改善与农业经营行为转变——基

于全国九省农户问卷的 PSM 实证研究[J]. 农村经济,2017(6):1-10.

[171] 张沁岚,杨炳成,文晓巍,饶炯. 土地股份合作制背景下推进承包经营权确权的农户意愿、难点与对策——以广东省为例[J]. 农业经济问题,2014,35(10):81—87+111.

[172] 张萍,沈晓婷.农村金融生态体系的构建与评价——以浙江省为例[J].农业经济问题.2015,33(12):88-89.

[173] 张五常.经济解释[M]. 北京:中信出版社,2015.

[174] 张燕,王欢. 土地信托——农地流转制度改革新探索[J]. 西北农林科技大学学报(社会科学版),2015,15(2):31-36.

[175] 章元,许庆,邬璟璟. 一个农业人口大国的工业化之路:中国降低农村贫困的经验[J]. 经济研究,2012,47(11):76-87.

[176] 赵元笃. 产业结构优化与农地规模化经营研究——结构偏离度与农地流转的动态计量分析[J]. 价格理论与实践,2014(10):45-47.

[177] 钟文晶,罗必良. 禀赋效应、产权强度与农地流转抑制——基于广东省的实证分析[J]. 农业经济问题,2013(3):6—16+110.

[178] 周敏,雷国平,匡兵. 信息不对称下的农地流转"柠檬"市场困境——以黑龙江省西城村例证[J]. 华中农业大学学报(社会科学版),2017(4):118—123+150.

[179] 周其仁. 确权是土地流转的前提与基础[J]. 农村工作通讯,2009(14):40.

[180] 朱北仲. 我国农村土地确权中的问题与解决对策[J]. 经济纵横,2015(5):44-47.

[181] 朱建军,郭霞,常向阳. 农地流转对土地生产率影响的对比分析[J]. 农业技术经济,2011(4):78-84.

[182] 朱建军,胡继连. 农地流转对我国农民收入分配的影响研究——基于中国健康与养老追踪调查数据[J]. 南京农业大学学报(社会科学版),2015,15(3):75—83+124.

[183] 朱兰兰,蔡银莺. 农户家庭生计禀赋对农地流转的影响——以湖北省不同类型功能区为例[J]. 自然资源学报,2016,31(9):1526-1539.

[184] 诸培新,金焱纯,代伟. 区域间农地流转影响因素比较分析——基于江苏省农户调研的实证[J]. 中国土地科学,2011,25(11):21-26.

[185] AJZEN I. The theory of planned behavior[J]. Organizational Behavior and Human Decision Processes, 1991(50): 179 - 211.

[186] ALCHAIN, ARMEN A. AND DEMSETZ, H. Production, Information Costs and Economic Organization, America Economic review, 1972: 62.

[187] ALCHIAN, A. A. Some economics of property rights. IL Politico, 1965, 30(4): 816 - 829.

[188] ALSTON, L. J., LIBECAP, G. D., & Schneider, R. The determinants and impact of property rights: land titles on the brazilian frontier. Journal of Law Economics & Organization, 1996, 12(1): 25 - 61.

[189] BARON R M, KENNY D A. The moderator-mediator variable distinction in social psychological research: Conceptual, strategic, and statistical considerations[J]. Journal of Personality & Social Psychology, 1986(51): 1173 - 1182.

[190] BARZEL, Y. Economic Analysis of Property Rights. Economic analysis of property rights[M]. Cambridge: Cambridge University Press, 1997.

[191] BENJAMIN KLEIN & LEFFLER . KEITH B, The Role of Market Forces in Assuring Contractual Performance[J]. Journal of Political Economy, University of Chicago Press, 1981, 89(4): 15 - 41.

[192] BOETTKE, P. J., COYNE, C. J., & LEESON, P. T. Institutional stickiness and the new development economics[J]. American Journal of Economics & Sociology, 2008, 67(2): 331 - 358.

[193] BOVEN, L. V., LOEWENSTEIN, G., & DUNNING, D. Mispredicting the endowment effect[J]. Journal of Economic Behavior & Organization, 2003, 51(3): 351 - 365.

[194] BRABEC, E., & SMITH, C. Agricultural land fragmentation: the spatial effects of three land protection strategies in the eastern united states[J]. Landscape & Urban Planning, 2002, 58(2): 255 - 268.

[195] CHEN, L., WANG, J., FU, B., & QIU, Y. Land-use change in a small catchment of northern loess plateau, china[J]. Agriculture Ecosystems & Environment, 2001, 86(2): 163 - 172.

[196] DEININGER, K. Tenure insecurity, gender, low-cost land certification and

land rental market participation in Ethiopia[J]. Journal of Development Studies,2011,47(1):31－47.

[197] DEININGER,K. ,ALI,D. A. ,HOLDEN,S. ,& ZEVENBERGEN,J. Rural land certification in Ethiopia:process,initial impact,and implications for other African countries[J]. World Development,2008,36(10):1786－1812.

[198] DEININGER,K. ,ALI,D. A. ,& ALEMU,T. Impacts of land certification on tenure security,investment,and land markets:evidence from Ethiopia[J]. Policy Research Working Paper2011,87(2):1－33.

[199] DEININGER,K. ,& FEDER,G. Land registration,governance,and development:evidence and implications for policy[J]. World Bank Research Observer,2009,24(2):233－266(34).

[200] DEININGER,K. ,S. JIN,X. ZUDE AND S. ROZELLE. Implementing China's New Land Law:Evidence and Policy Lessons[C]. World Bank Policy Research Working Paper. Washington,DC. 2004.

[201] DEININGER,K. AND S. JIN. Land Rental Markets as an Alternative to Government Reallocation? Equity and Efficiency Considerations in the Chinese Land Tenure System[C]. World Bank Policy Research Working Paper 2930. Washington,DC. 2002.

[202] DIJK E,KNIPPENBERG D. Buying and selling exchange goods:loss aversion and the endowment effect[J]. Journal of economics psychology,1996(17):517－524.

[203] DIJK TV. Scenarios of Central European land fragmentation[J]. Land use policy. 2003,20(2):149－58.

[204] DEMSETZ,H. Toward a theory of property rights[J]. American Economic Review,1967,57(2):347－359.

[205] DO,Q. ,& IYER,L. Land titling and rural transition in Vietnam[J]. Economic Development & Cultural Change,2008,56(3):531－579.

[206] FEDER,G. ,& FEENY,D. Land tenure and property rights:theory and implications for development policy[J]. World Bank Economic Review,1991,5(1):1 35－153.

[207] FEDER,G. ,& NISHIO,A. The benefits of land registration and titling:economic and social perspectives[J]. Land Use Policy,1998,15(1):25 - 43.

[208] FENG,S. Land Rental Market and Off-farm Employment-rural Households in JiangxiProvince[D]. P. R. China. Wageningen University. Ph. D,2006.

[209] FIRSHEIN,W. ,& SCHWENZFEIER,C. W. Education in production[J]. Journal of Political Economy,1970,78(1):35 - 59.

[210] GALIANI,S. ,& SCHARGRODSKY,E. Property rights for the poor:effects of land titling[J]. Journal of Public Economics,2010,94(9 - 10),700 - 729.

[211] GOULD,K. A. (2006). Land regularization on agricultural frontiers:the case of northwestern petén,guatemala[J]. Land Use Policy,2006,23(4):395 - 407.

[212] HANEMANN,W. M. Willingness to pay and willingness to accept:How much can they differ? [J]. The American Economic Review,1991(81):635 - 647.

[213] HANSEN,C. B.. Generalized least squares inference in panel and multilevel models with serial correlation and fixed effects[J]. Journal of Econometrics,2007,140(2):670 - 694.

[214] HART,O. An economist's perspective on the theory of the firm[J]. Columbia Law Review,1989,89(7):1757 - 1774.

[215] HART,OLIVER,Hold-Up,Asset Ownership,and Reference Points[J]. Quarterly Journal of Economics,2009(124):267 - 300.

[216] HAYES A F. An introduction to mediation,moderation,and conditional process analysis:A regression-based approach[M]. New York:Guilford Press,2013.

[217] HIGGINS,E. T. How self-regulation creates distinct values:The case of promotion and promotion and prevention decision making[J]. Journal of Consumer Psychology,2002(12):177 - 191.

[218] HOLDEN ST,Deininger K,Ghebru H. Tenure Insecurity,Gender,Low-cost Land Certification and Land Rental Market Participation in Ethiopia[J]. The Journal of development studies. 2011(47):31 - 47.

[219] HOROWITZ, J. K., & MCCONNELL, K. E. A review of WTA/WTP studies[J]. Journal of Environmental Economics and Management, 2002(44): 426－447.

[220] HUANG, J., GAO, L., & Rozelle, S. The effect of off - farm employment on the decisions of households to rent out and rent in cultivated land in china [J]. China Agricultural Economic Review, 2012, 4(1): 5－17.

[221] HUANG, J., HU, R., ROZELLE, S., & PRAY, C. Insect-resistant gm rice in farmers' fields: assessing productivity and health effects in china[J]. Science, 2005, 308(5722): 688－690.

[222] JACOBY H., MINTEN B. Land Title, Investment and Agricultural Productivity in Madagascar: A Poverty and Social Impact Analysis[J]. World Bank Other Operational Studies, 2006, 4: 1－54.

[223] JIN, H. Y. QIAN, AND B. WEINGAST. Regional Decentralization and Fiscal Incentives: Federalism, Chinese Style[J]. Journal of Public Economics, 2005(89): 1719－1742.

[224] KIMURA S, OTSUKA K, SONOBE T, ROZELLE S. Efficiency of Land Allocation through Tenancy Markets: Evidence from China[J]. Economic development and cultural change, 2011, 59: 485－510.

[225] KLEIN, GRAWFORD AND ALCHIAN. Vertical Integration, Appropriable Rents and the Competitive Contracting Process[J]. Journal of Law and Economics, 1978(21): 297－326.

[226] KNACKS, KEEFER P. Institutions and economic performance: cross-country tests using alternative institutional measures [J]. Economics and Politics, 1995(7): 207－227.

[227] Knetsch, J. L., & Sinden, J. A. (1984). Willingness to pay and compensation demanded: Experimental evidence of an unexpected disparity in measures of value[J]. The Quarterly Journal of Economics, 99, 507－521.

[228] Knight, J., & Song, L. The rural-urban divide economic disparities and interactions in China [M]. Oxford University Press, 1999.

[229] Kreps, D., R., Wilson. Reputation and Imperfect Information[J]. Journal of

Economic Theory,1982,27(2):253－279.

[230] Konagaya,K. ,H. Monta and K,Otsubo. 1999,Chinese land use predicted by the GTR-model[R]. Discussion paper in the 1999 Open Meeting of the Human Dimensions of Global Environmental Change Research Community, IGES,Shonan Village Center.

[231] Kung,K. S. (2002). Off-farm labor markets and the emergence of land rental markets in rural China[J]. Journal of Comparative Economics, 30(2), 395－414.

[232] Kung,J. K.-s.. Equal Entitlement versus Tenure Security under a Regime of Collective Property Rights: Peasants Preference for Institutions in Post－reform Chinese Agriculture[J]. Journal of Comparative Economics, 1995, 21 (1):82－111.

[233] Kung,K. S. (2002). Off－farm labor markets and the emergence of land rental markets in rural China[J]. Journal of Comparative Economics,30(2), 395－414.

[234] Lewis,W. A. (1954). Economic development with unlimited supplies of labor[J]. Manchester School of Economics & Social Studies,22(2),139－191.

[235] Li,H. Y. Qian,and B. Weignast. (2005). Political Turnover and Economic Performance,89,9－10.

[236] Lixing Li. (2012). Land titling in China:Chengdu experiment and its consequences[J]. China Economic Journal,5(1),47－64.

[237] Linn,J. F. (1982). The costs of urbanization in developing countries[J]. Economic Development & Cultural Change,30(3),625－648.

[238] Lin,J. Y. (1992). Rural reforms and agricultural growth in china[J]. American Economic Review,82(1),34－51.

[239] MACKINNON,D. P. ,Lockwood,C. M. ,Hoffman,J. M. ,West,S. G. ,& Sheets,V. A comparison of methods to test mediation and other intervening variable effects[J]. Psychological Methods,2002(7):83 — 104.

[240] MACOURS,K. ,JANVRY,A. D. ,& SADOULET,E. Insecurity of property rights and social matching in the tenancy market[J]. European Economic

Review,2004,54(7):880 - 899.

[241] MCMILLAN, J. WHALLEY, J. ,L. ZHU. The Impact of China's Economic Reform on Agriculture Productivity Growth[J]. Journal of Political Economy,1989,97:781 - 807.

[242] MACMILLAN,D. C. An economic case for land reform[J]. Land Use Policy,2000,17(1):49 - 57.

[243] MANDEL,D. R. Beyond mere ownership: transaction demand as a moderator of the endowment effect[J]. Organizational Behavior & Human Decision Processes,2002,88(2):737 - 747.

[244] MCMILLAN,J. WHALLEY,J. ,L. ZHU. The Impact of China's Economic Reform on Agriculture Productivity Growth[J]. Journal of Political Economy,1998,4:781 - 807.

[245] MONTINOLA G,QIAN Y,WEIGAST B. R. Federalism,Chinese style: the political basis for economic success[J]. World Politics,1995(48):50 - 81.

[246] NORTH, D. Institutions, Institutional Change and Economic Performance [M]. Cambridge:Cambridge University Press,1990.

[247] Ciaian Pavel,Swinnen JFM. Land Market Imperfections and Agricultural Policy Impacts in the New EU Member States: A Partial Equilibrium Analysis [J]. American journal of agricultural economics,2006(88):799 - 815.

[248] PREACHER K. J. , HAYES A F. SPSS and SAS procedures for estimating indirect effects in simple mediation models[J]. Behavior Research Methods, Instruments,and Computers,2004(36):717 - 731.

[249] QIAN, YINGYYI, BARRY R. WEINGAST. "China's Transition to Markets: Market-Preserving Federalism,Chinese Style"[J]. Journal of Policy Reform,1996(1):149 - 185.

[250] RACHLINSKI, J. J. , & JOURDEN, F. Remedies and the psychology of ownership. Vanderbilt Law Review,1998,51(6):1541 - 1582.

[251] RADIN,M. J. Property and personhood[J]. Stanford Law Review,1982,34 (5):957 - 1015.

[252] RICHARDSON, HARRY, W. (1987). The costs of urbanization: a four-

country comparison[J]. Economic Development & Cultural Change,1987,35(3):561 - 580.

[253] RICHARD T. ELY AND EDWARD W. Elements of Land Economics[M]. New York:The Macmillan Company,1924:5 - 21.

[254] Pejovich S. Understanding the Transaction Costs of Transition:it's the Culture,Stupid[J]. The Review of Austrian economics,2003(16):347 - 361.

[255] ROUTRAY,J. K. ,& SAHOO,M. Implications of land title for farm credit in thailand[J]. Land Use Policy,1995,12(1):86 - 89.

[256] BRANDT L,HUANG J,LI G,ROZELLE S. Land Rights in Rural China: Facts,Fictions and Issues[J]. The China journal (Canberra,A. C. T.),2002(47):67 - 97.

[257] SAINT-MACARY,C. ,KEIL,A. ,ZELLER,M. ,HEIDHUES,F. ,DUNG,P. T. M. Land titling policy and soil conservation in the northern uplands of vietnam[J]. Land Use Policy,2010,27(2):617 - 627.

[258] SCHULTZ,T. W. The value of the ability to deal with disequilibria[J]. Journal of Economic Literature,1975,13(3):827 - 846.

[259] Scott,J. (1976). The moral economy of the peasant.

[260] SKINNER,M. ,ET AL. Agricultural land protection in China:a case of local governance in Zhejiang Province[J]. Land Use Policy,2001(18):329 - 340.

[261] SHINGO KIMURA; KEIJIRO OTSUKA. Tetsushi Sonobe,Scott Rozelle. Efficiency of Land Allocation through Tenancy Markets:Evidence from China [J]. Economic Development and Cultural Change,2011(59):485 - 510.

[262] STRAHILEVITZ,M. ,LOEWENSTEIN,G. The effect of ownership history on the valuation of objects[J]. Journal of Consumer Research,1998(25):276 - 289.

[263] T BESLEY. Property Rights and Investment Incentives:Theory and Evidence from China [J]. Journal of Political Economy,1995(103):903 - 937.

[264] THALER,R. H. Toward positive theory of consumer choice[J]. Journal of Economic Behavior and Organization,1980(1):39 - 60.

[265] VAN DIJK,E. ,Van Knippenberg,D. Trading wine:On the endowment

effect, loss aversion, and the comparability of consumer goods[J]. Journal of Economic Psychology, 1998(19): 485 - 495.

[266] VAN GELDER J L. Feeling and Thinking: Quantifying the Relationship between Perceived Tenure Security and Housing Improvement in an Informal Neighborhood in Buenos Aires [J]. Habitat International, 2007 (31): 219 - 231.

[267] WAN GH, CHENG E. Effects of land fragmentation and returns to scale in the Chinese farming sector[J]. Applied economics, 2001(33): 183 - 194.

[268] WILLIAMSON, O. E. The economic institution of capitalism[M]. Beijing: China Social Sciences Press, 1999.

[269] WOOLDRIDGE JM. Introductory Econometrics: A Modern Approach[M]. Fifth ed. Mason, Ohio, Australia: South-Western Cengage Learning, 2013.

[270] YAMI, M. , & SNYDER, K. A. After all, land belongs to the state: examining the benefits of land registration for smallholders in Ethiopia[J]. Land Degradation & Development, 2016, 27(3): 465 - 478.

[271] YANG, Y. The development of the land lease market in rural china[J]. Land Economics, 2000, 76(2): 252 - 266.

[272] ZHAO X, LYNCH J G, CHEN Q, Reconsidering Baron and Kenny: myths and truths about mediation analysis[J]. Journal of Consumer Research, 2010 (37): 197 - 206.

后　记

本书是在本人博士论文的基础上修改的成果。三年的学术生涯对于已经成家的我来说，即充满了艰辛又颇具新鲜感，注定成为我人生中的里程碑事件，让我深刻地体会到了“痛并快乐着”！其实在我准备考博的时候，身边的朋友、同事都不能理解，他们多数觉得以我的年纪和职称实在是没有必要去辛苦地读博，但是今天我真的想说：“读博无悔！”因为它让我看到了不一样的世界！每当遇到困难的时候，我总是会提醒自己：虽然很难，但是还好已经在路上了，总好过还没出发。

回顾这段难忘的岁月，首先想感谢的人是我的导师刘凤芹教授，我时常敬佩她知识的宽度和思想的深度。刘老师知识渊博，对很多社会问题和现象都有深刻而独到的见解，不仅如此，她还深谙教书育人之道。我生性自卑，且抗挫性很差，觉得自己不可能考上博士和觉得自己不可能毕业是我最近几年一贯的心态。但是每当自己没有信心或者想放弃时，总是想起在那个阳光明媚的下午，老师对我说的那句话“如果你不是可造之才，我当初不会招你”，也许老师只是为了鼓励我，也许老师说的是真心话，但是区别好像真的已经不那么重要了，重要的是这句话确实激励了我，让我有勇气继续风雨兼程。其次想感谢的人是我的爱人何飞德先生。在我读博期间，他要一边上班，一边照顾刚刚上小学的儿子，不仅要辅导儿子的家庭作业，而且要承担许多家务，相当辛苦。可以说，没有他的支持，我不可能顺利修完博士生课程和完成论文写作任务。最后，我还想感谢我的儿子何晨扬小朋友，记得从我开始准备考博士到现在，我对他说得最多的一句话是“咱俩各做各的工作，谁也不要打扰谁”，让我意外的是，他不仅答应了，而且做得很好，真的很欣慰。

另外，衷心感谢我的好朋友杨婵，在我论文的写作过程中她曾多次给予帮助，并给了我莫大的精神鼓励；衷心感谢我的高中同学李意节，在论文实证部分的问卷设计和座谈环节中他曾给予重要的帮助；衷心感谢魏平师姐、马晓瑜师姐、毕蕾师姐、陆文玥师兄、喻珺师兄、周祥军师兄、于洪涛师弟和关碧麟师妹，他们经常在我学习、生活中遇到困难的时候毫不犹豫地对我伸出援手，让我感受到这个大家庭的温暖；衷心感谢我的同学李沙沙、李灵异、朱晨、孙光林、张永芳、刘政和张梅，他们对于我的论文和生活给予了太多无私的帮助。我还要感谢王玉霞老师、王维国老师、齐鹰飞老师和王询老师，他们不仅传授给我渊博的知识，还用治学的严谨作风感染着我，让我在学术的道路上走得更坚定！感激之情，溢于言表，铭记于心！

李金宁
2021 年 4 月